T0001502

¡TRÁGUESE ESE SAPO!

¡TRÁGUESE ESE SAPO!

21 estrategias para tomar
decisiones rápidas y mejorar
la eficacia personal

 Empresa Activa

Argentina – Chile – Colombia – España
Estados Unidos – México – Perú – Uruguay

Título original: *Eat that frog! 21 Great Ways to Stop Procrastinating and Get More Done in Less Time – Third Edition Updated with Two New Chapters*
Editor original: Berret-Koehler Publishers, Inc.
Traducción de la edición original (2003): Óscar L. Molina S.
Traducción de los dos capítulos nuevos de la edición ampliada y revisada (2017): Sergio Bulat Barreiro

1.ª edición: febrero 2024

Reservados todos los derechos. Queda rigurosamente prohibida, sin la autorización escrita de los titulares del *copyright*, bajo las sanciones establecidas en las leyes, la reproducción parcial o total de esta obra por cualquier medio o procedimiento, incluidos la reprografía y el tratamiento informático, así como la distribución de ejemplares mediante alquiler o préstamo público.

Copyright © 2001, 2017 by Brian Tracy
First published by Berret-Koehler Publishers, Inc., San Francisco, CA, USA.
All Rights Reserved
© 2003 de la traducción: Óscar L. Molina S.
© 2017 de la traducción: Sergio Bulat Barreiro
© 2003, 2017 *by* Urano World Spain, S.A.U.
Plaza de los Reyes Magos, 8, piso 1.º C y D – 28007 Madrid
www.empresaactiva.com
www.edicionesurano.com

ISBN: 978-84-16997-87-9
E-ISBN: 978-84-16990-65-8
Depósito legal: M-33.359-2023

Fotocomposición: Ediciones Urano, S.A.U.

Impreso por Romanyà Valls, S.A. – Verdaguer, 1 – 08786 Capellades (Barcelona)

Impreso en España – *Printed in Spain*

A mi admirable hija Catherine,
una chica sorprendente con
una mente maravillosa
y un futuro increíble ante ella.

Índice

Prefacio

Gracias por elegir este libro. Espero que las ideas aquí expuestas le ayudarán tanto como me han ayudado a mí y a miles de personas. En realidad, espero que este libro le cambie la vida para siempre.

Uno nunca dispone de tiempo suficiente para hacer todo lo que tiene que hacer. Estamos literalmente ahogados por el trabajo, las responsabilidades personales, los proyectos y las pilas de revistas y de libros que queremos leer apenas nos hayamos puesto al día.

Pero el hecho es que nunca va a estar al día. Nunca va a culminar todas sus tareas. Nunca adelantará bastante como para destinar el tiempo que sueña a todos esos libros, revistas y ratos de ocio.

Y olvídese: no resolverá sus problemas de administración del tiempo siendo más productivo. Independientemente de cuántas técnicas de productividad personal domine, siempre habrá más que hacer y que terminar en el tiempo que tiene disponible por mucho que este sea.

Sólo puede controlar su tiempo y su vida si cambia su modo de pensar, de trabajar y de encarar el río interminable de responsabilidades que le desborda cada día. Sólo puede tomar el control de sus tareas y actividades en la medida en que deje de hacer algunas cosas y empiece a ocupar más tiempo en las pocas cosas que verdaderamente le pueden cambiar la vida.

Llevo más de treinta años estudiando la administración del tiempo. Me he sumergido en las obras de Peter Drucker, Alex MacKenzie, Alan Lakein, Stephen Covey y de muchos otros. He leído centenares de libros y miles de artículos acerca de eficacia y eficiencia personales. Este libro es el resultado.

Cada vez que doy con una buena idea, la pongo a prueba en mi trabajo y vida personal. Si funciona, la incorporo a mis tareas y seminarios y la enseño.

Escribió una vez Galileo: «No puedes enseñar a una persona algo que ya no sepa; sólo puedes hacer que fije la atención en algo que ya sabe».

Estas ideas pueden resultarle familiares en función de su nivel de conocimientos y experiencia. Este libro le hará adquirir mayor conciencia de ellas. Al aprender estos métodos y técnicas y aplicarlos una y otra vez hasta que se convierten en hábitos, consigue alterar de un modo muy positivo el curso de su vida.

Aprender de la gente exitosa

Permítame que le cuente algo de mí mismo y de los orígenes de este libro.

Empecé la vida con pocas ventajas aparte de mi curiosidad. No fui buen estudiante y abandoné los estudios antes de graduarme. Trabajé con mis manos durante varios años. Mi futuro no parecía brillante.

Todavía era joven cuando me embarqué en un carguero y zarpé a conocer el mundo. Durante ocho años viajé y trabajé y después viajé un poco más; terminé visitando más de ochenta países en cinco continentes.

Cuando ya no encontré más trabajo como marinero me dediqué a vender puerta a puerta; trabajaba a comisión. Batallé de venta en venta hasta que empecé a preguntarme por qué a otras personas les iba mejor que a mí.

Entonces hice algo que me cambió la vida. Acudí a vendedores exitosos y les pregunté qué hacían. Y me contaron lo que hacían. Hice lo que me aconsejaron que hiciera y mis ventas aumentaron. Finalmente tuve tanto éxito que me nombraron gerente de ventas. Utilicé la misma estrategia como gerente de ventas. Averigüé lo que hacían los gerentes exitosos e hice lo mismo.

Este proceso de aprendizaje y aplicación de lo que aprendía me ha cambiado la vida. Todavía me asombra lo sencillo y evidente que es. Averiguar lo que hace la gente exitosa y hacer lo mismo hasta que obtienes los mismos resultados. ¡Qué idea!

El éxito es predecible

Dicho con sencillez, a algunas personas las cosas les van mejor porque hacen las cosas de un modo diferente y hacen correctamente las cosas adecuadas. Sobre todo, utilizan su tiempo mucho mejor que la persona promedio.

Como provenía de un mundo no exitoso, había desarrollado sentimientos de inferioridad y de ineptitud. Había caído en la trampa mental de suponer que la gente a quien le iba mejor que a mí era verdaderamente mejor que yo. Aprendí que eso no era necesariamente cierto. Sólo hacían las cosas de otro modo, y yo también podía aprender, dentro de lo razonable, lo que ellos habían aprendido.

Esto fue toda una revelación para mí. El descubrimiento me asombró y entusiasmó. Caí en la cuenta de que podía cambiar mi vida y lograr casi cualquier objetivo que me propusiera si sólo averiguaba lo que otros estaban haciendo en un área determinada y entonces lo ponía en práctica yo mismo hasta obtener los mismos resultados que ellos estaban consiguiendo.

Al cabo de un año de empezar en ventas, era el mejor vendedor. Un año después de ser gerente ya era vicepresidente a cargo de una fuerza de venta de noventa y cinco personas en seis países. Tenía veinticinco años.

En el transcurso de los años he trabajado en veintidós oficios diferentes, he fundado varias empresas y he obtenido un título en administración en una prestigiosa universidad. También aprendí a hablar francés, alemán y español y he sido conferenciante, entrenador o consultor en más de quinientas empresas. En la actualidad doy charlas y seminarios a más de 300.000 personas al año y, a veces, el público que asiste supera las 20.000 personas.

Una verdad simple

He descubierto una sencilla verdad en el transcurso de mi carrera. La capacidad para concentrarse resueltamente en la tarea más importante, hacerla bien y terminarla es la clave del gran éxito, del logro, el respeto, el estatus y la felicidad en la vida. Mientras más rápido lo aprenda y aplique, con mayor prontitud avanzará en su carrera. Se lo garantizo.

No habrá límites en lo que pueda lograr una vez que haya aprendido a «tragarse ese sapo».

Brian Tracy
Solana Beach, California
Enero, 2017

Introducción
¡Tráguese ese sapo!

Nos ha tocado vivir en una época maravillosa. Nunca ha habido más posibilidades y oportunidades para que saque el máximo partido de sus objetivos. Como quizá nunca antes en la historia de la humanidad, en la actualidad las opciones nos desbordan. De hecho, hay tantas cosas buenas que puede hacer que su capacidad para decidir entre ellas puede ser el factor decisivo de lo que logre en la vida.

Si usted es como la mayoría de las personas, está abrumado con demasiadas cosas por hacer y muy poco tiempo disponible. Mientras lucha por ponerse al día, no dejan de surgir, como olas, nuevas tareas y responsabilidades. Debido a esto, nunca podrá hacer todo lo que tiene que hacer. Nunca se pondrá al día. Siempre estará atrasado en alguna de sus tareas y responsabilidades y probablemente en varias.

La necesidad de ser selectivos

Por esta razón, y quizá más que nunca, su capacidad para seleccionar la tarea más importante en cada momento, y después su capacidad para empezar esa tarea y terminarla pronto y bien, tendrán probablemente mayor impacto en su éxito que cualquier otra habilidad que pueda desarrollar.

Una persona promedio que desarrolla el hábito de establecer claras prioridades y completar rápidamente tareas importantes superará a un genio que habla mucho y hace planes maravillosos pero consigue hacer muy poco.

La verdad sobre los sapos

Durante muchos años se ha dicho que si lo primero que hace cada mañana es tragarse un sapo vivo, podrá continuar el día con la satisfacción de saber que lo peor que podía haberle sucedido probablemente ya ha pasado.

Su «sapo» es su tarea mayor y más importante, la que probablemente postergue si no hace inmediatamente algo al respecto. También es precisamente la tarea que puede tener el mayor impacto positivo en su vida en este momento.

Primera regla del tragamiento de sapos:
«Si tiene que tragarse dos sapos, tráguese primero
el más feo».

Este es otro modo de decir que si tiene delante dos tareas importantes, empiece por la mayor, la más dura y la más importante. Disciplínese para empezar inmediatamente y luego perseverar hasta que haya completado la tarea antes de pasar a otra cosa.

Plantéeselo como un «test». Considérelo un desafío personal. Resista la tentación de empezar por la tarea más fácil. Recuerde continuamente que una de las decisiones más importantes que tiene que tomar cada día es la elección de lo que hará inmediatamente, y de lo que hará después, si además hace otra cosa.

Segunda regla del tragamiento de sapos:
«Si tiene que tragarse un sapo vivo, de muy poco
sirve sentarse y contemplarlo mucho rato».

La clave para alcanzar altos niveles de rendimiento y productividad es desarrollar el hábito perdurable de encarar su tarea principal como primera cosa cada mañana. Tiene que desarrollar la rutina de «tragarse ese sapo» antes de hacer cualquier otra cosa y sin ocupar demasiado tiempo en pensarlo.

Actúe inmediatamente

Diversos estudios de hombres y mujeres que consiguen mejores remuneraciones y son promovidos con mayor rapidez demuestran que la cualidad de la «orientación a la acción» se destaca como la conducta más visible y coherente en todo lo que hacen. La gente exitosa y eficaz es la que se concentra directamente en sus tareas principales y luego se disciplina para trabajar resuelta y continuamente hasta que completa esas tareas.

En nuestro mundo, y especialmente en el mundo de los negocios, a uno le pagan y promueven por lograr resultados específicos y mensurables, por hacer una contribución valiosa y, sobre todo, por aportar aquello que de uno se espera.

El «fracaso en la ejecución» es uno de los mayores problemas en las organizaciones de hoy. Mucha gente confunde actividad con logro. Hablan continuamente, mantienen reuniones interminables y hacen planes maravillosos, pero en último instancia ninguno hace el trabajo ni obtiene los resultados requeridos.

Desarrolle el hábito del éxito

El éxito en la vida y en el trabajo está determinado por la clase de hábitos que desarrolla con el tiempo. El hábito de establecer prioridades, superar las indecisiones y encarar su tarea más importante es una habilidad mental y física. Como tal, este hábito se puede aprender mediante la práctica y la repetición reiteradas hasta que se aloja en su subconsciente y se convierte en rasgo permanente de su conducta. Una vez que es un hábito se convierte en automático y es fácil ponerlo en práctica.

Estamos diseñados mental y emocionalmente de tal modo que el cumplimiento de las tareas nos proporciona una sensación positiva. Nos hace felices. Hace que nos sintamos ganadores.

Cada vez que completa una tarea de cualquier dimensión o importancia experimenta un brote de energía, entusiasmo y autoestima. Mientras más importancia tenga la tarea terminada, más feliz, más confiado y más poderoso se sentirá consigo mismo y con el mundo.

Completar tareas importantes dispara la liberación de endorfinas en el cerebro. Estas endorfinas le levantan el ánimo de forma natural. El flujo de endorfinas liberado tras la terminación exitosa de cualquier tarea le hace sentirse más creativo y seguro.

Desarrolle una adicción positiva

Este es uno de los así llamados secretos más importantes del éxito. Puede desarrollar una «adicción positiva» a las endorfinas y a la sensación de claridad potenciada, confianza y competencia que ellas disparan. Si desarrolla esta «adicción», casi sin pensarlo comienza a organizarse la vida de tal modo que empieza y completa continuamente tareas y proyectos cada vez más importantes. Y realmente se convierte en un adicto, en un sentido muy positivo, al éxito y a la aportación.

Una de las claves para vivir una vida maravillosa, tener una carrera exitosa y sentirse magnífico consigo mismo es desarrollar el hábito de empezar y terminar trabajos importantes. Esa conducta va a adquirir un poder propio y le resultará más fácil completar tareas importantes que no completarlas.

Sin atajos

Puede que conozca la historia del hombre que detiene a un músico en una calle de Nueva York y le pregunta cómo puede llegar al Carnegie Hall. El músico le dice: «Practica, hombre, practica».

La práctica es la clave para dominar cualquier habilidad. Por fortuna su mente es como un músculo. Se vuelve más fuerte y capaz con el uso. Con la práctica puede aprender cualquier conducta o desarrollar cualquier hábito que considere necesario o deseable.

Las tres D para la formación de nuevos hábitos

Necesita tres cualidades claves para desarrollar los hábitos de la focalización y de la concentración, cualidades que se pueden aprender. Son: decisión, disciplina y determinación.

Primero, adopte la decisión de desarrollar el hábito de completar las tareas. En segundo lugar, disciplínese para practicar los principios que va a aprender hasta que los domine. Y finalmente, respalde todo lo que hace con determinación hasta que el hábito se afirme y se convierta en parte permanente de su personalidad.

Visualice cómo quiere ser

Hay una manera especial de acelerar su progreso para convertirse en la persona altamente productiva, eficaz y eficiente que quiere ser. Consiste en que piense continuamente en las recompensas y beneficios de estar orientado a la acción, de moverse rápido y mantenerse focalizado. Considérese a sí mismo como la clase de persona que consigue realizar con rapidez y bien los trabajos importantes.

El cuadro mental que se haga de sí mismo ejerce un efecto poderoso en su conducta. Visualícese como la clase de persona que quiere ser en el futuro. Su imagen de sí mismo, la manera como se ve interiormente, determina en gran medida su rendimiento exterior.

Usted posee una capacidad virtualmente ilimitada para aprender y desarrollar nuevas habilidades, hábitos y capacidades. Si se entrena, mediante la repetición y la práctica, para superar la postergación de las decisiones y consigue hacer sin pérdida de tiempo las tareas más importantes, su vida y su carrera discurrirán por el carril rápido y podrá pisar el acelerador a fondo.

¡Tráguese ese sapo!

1
Ponga la mesa

Hay una cualidad que uno debe poseer para ganar,
y es determinación de propósito, el conocimiento
de lo que uno quiere y un deseo ardiente de lograrlo.

Napoleon Hill

Antes de que pueda determinar cuál es su «sapo» y tragárselo, tiene que decidir exactamente qué quiere lograr en cada faceta de su vida. La *claridad* es el concepto más importante en productividad personal. La razón número uno por la cual algunas personas consiguen hacer más trabajo más rápido es porque tienen absoluta claridad sobre sus objetivos y no se desvían de ellos.

Cuanto más claro tenga lo que quiere y lo que tiene que hacer para lograrlo, más fácil le será superar la postergación de las decisiones, tragarse ese sapo y no parar hasta completar la tarea.

Una de las razones principales de la postergación de las decisiones y la falta de motivación es la vaguedad, la confusión acerca de lo que se supone que tiene que hacer y en qué orden y por qué razón. Tiene que evitar esta situación habitual y luchar por la mayor claridad posible en todo lo que haga.

Una gran regla para el éxito: piense sobre papel.

Sólo un tres por ciento de los adultos tiene objetivos claros escritos. Esas personas consiguen cinco o diez veces más que gente de igual o mejor educación y capacidad pero que, por la razón que sea, nunca se han dado el tiempo para escribir exactamente lo que quieren.

Hay una poderosa fórmula, que puede usar durante el resto de su vida, para establecer y lograr objetivos. Consiste en siete pasos muy sencillos. Dar cualquiera de estos pasos —si es que aún no los ha dado— permite duplicar o triplicar la productividad personal. Muchos graduados de mis programas de entrenamiento han aumentado drásticamente sus ingresos en pocos años, o incluso en pocos meses, con la utilización de este sencillo método de siete pasos.

Paso número uno: *Decida exactamente qué quiere.* O bien decide por sí mismo o bien siéntese con su jefe y exponga sus objetivos y metas hasta que tenga claro qué se espera de usted y en qué orden de prioridades. Es sorprendente la cantidad de personas que trabaja día tras día en tareas de poco valor porque no han tenido esta conversación decisiva con su jefe.

Regla: uno de los peores usos del tiempo es hacer muy bien algo que no había ninguna necesidad de hacer.

Dice Stephen Covey: «Antes de que empieces a trepar por la escalera del éxito, comprueba que esté bien apoyada contra el edificio correcto».

Paso número dos: *Escríbalo*. Piense sobre papel. Cuando escribe su objetivo lo cristaliza, le da una forma tangible. Crea algo que puede tocar y ver. Por otra parte, un objetivo o meta que no está escrito sólo es un deseo o una fantasía. No posee energía propia. Los objetivos no escritos conducen a confusión, vaguedad, direcciones equivocadas y numerosos errores.

Paso número tres: *Establezca una fecha tope para su objetivo*. Un objetivo o una decisión sin una fecha tope carece de urgencia. No tiene verdadero comienzo ni fin. Si no hay una fecha tope precisa acompañada de la asignación o aceptación de responsabilidad específicas para su término, fácilmente postergará las cosas y no las completará.

Paso número cuatro: *Haga una lista de todo lo que puede pensar acerca de lo que va a tener que hacer para lograr el objetivo*. A medida que piensa en nuevas actividades, agréguelas a su lista. Siga construyendo la lista hasta que esté completa. Una lista le proporciona un cuadro visual de la tarea mayor o meta. Le proporciona una pista. Aumenta drásticamente la posibilidad de que alcance el objetivo tal cual lo ha definido y en el tiempo previsto.

Paso número cinco: *Organice la lista como un plan*. Organice su lista según prioridades y conforme a una secuencia. Concédase unos minutos y decida qué necesita hacer en primer lugar y qué más tarde. Decida qué se debe hacer antes de otra cosa y qué se necesita hacer después. Mejor todavía: establezca un plan visual bajo la forma de una serie de círculos y casilleros en una hoja de papel. Le sorprenderá la facilidad con que podrá lograr su objetivo cuando lo divide en tareas parciales.

Si cuenta con un objetivo escrito y con un plan de acción organizado, será mucho más productivo y eficaz que alguien que lleva sus objetivos sólo en la mente.

Paso número seis: *Actúe inmediatamente conforme al plan.*
Haga algo. Cualquier cosa. Un plan normal y vigorosamente
ejecutado es mucho mejor que otro brillante y con el cual no se
hace nada. La ejecución es todo si quiere obtener cualquier clase
de éxito.

Paso número siete: *Decida hacer cada día algo que le acerque a su objetivo principal.* Introduzca esa actividad en su programa diario. Lea una cantidad determinada de páginas sobre
un tema clave. Llame por teléfono a un número específico de
clientes potenciales. Dedique un tiempo específico a hacer ejercicio físico. Aprenda cierta cantidad de palabras nuevas de una
lengua extranjera. Nunca deje pasar un día sin hacerlo.

Avance sin prisas pero sin pausas. Una vez que se ponga en
movimiento continúe haciéndolo. No se detenga. Su decisión y
disciplina le pueden convertir en una de las personas más productivas y exitosas de su generación y mejorar su productividad.

El poder de escribir los objetivos

Los objetivos escritos con claridad tienen un efecto maravilloso
en su pensamiento. Le motivan y afirman para la acción. Estimulan su creatividad, liberan su energía y le ayudan a superar la
postergación de las decisiones tanto como cualquier otro factor.

Los objetivos son el combustible del crisol del logro. Mientras mayores y más claros sean sus objetivos, más entusiasmo
tendrá para cumplirlos. Mientras más piense en sus objetivos,
mayor será su impulso interior y su deseo de cumplirlos.

Piense en sus objetivos y revíselos cotidianamente. Cada mañana, emprenda una acción relacionada con la tarea más importante
que puede realizar para conseguir el objetivo más importante en ese
momento.

¡Tráguese ese sapo!

1. Coja ahora mismo una hoja de papel en blanco y escriba una lista de diez objetivos que quiere lograr el año próximo. Escriba sus objetivos como si el año ya hubiera pasado y ya fueran realidad.

   Use el tiempo presente y la primera persona para que su subconsciente los acepte de inmediato. Por ejemplo, puede escribir: «Gano equis dinero al año», o «peso tantos kilos» o «tengo este automóvil para tal fecha».

2. Luego, de la lista de diez objetivos seleccione el objetivo que, de lograrlo, tendrá el mayor impacto positivo en su vida. Sea cual sea este objetivo, escríbalo en otra hoja de papel, establezca una fecha tope, haga un plan, emprenda una acción según ese plan y después cada día haga algo que le acerque a ese objetivo. ¡Este ejercicio le puede cambiar la vida!

2
Planifique cada día con antelación

Planificar es traer el futuro al presente para poder
hacer ahora algo al respecto.

Alan Lakein

Seguro que la siguiente pregunta le suena familiar: «¿Cómo te
comes un elefante?» La respuesta, por supuesto, es: «¡Bocado a
bocado!»

¿Cómo se traga el sapo más grande y más feo? Del mismo
modo. Lo divide en actividades específicas paso a paso y empieza por la primera.

Su mente, su capacidad para pensar, planificar y decidir,
es su herramienta más poderosa para superar la postergación
de las decisiones y aumentar la productividad. Su capacidad
para establecer objetivos, planificar y actuar determina el
curso de su vida. El mero acto de pensar y planificar desata
sus poderes mentales, dispara su creatividad y aumenta sus
energías físicas y mentales.

A la inversa, como escribió Alex MacKenzie, «*la acción sin planificación es la causa de todos los fracasos*».

Su capacidad para planificar bien antes de actuar es una medida de su competencia global. Mientras mejor sea el plan que tenga, más fácil le resultará superar la postergación de las decisiones, empezar, tragarse el sapo y continuar.

Aumente sus ganancias de energía

Uno de sus objetivos principales en el trabajo debe ser obtener el mayor beneficio posible de su inversión de energía mental, emocional y física. La buena noticia es que cada minuto ocupado en planificar le ahorra hasta diez minutos en la ejecución. Planificar el día no le consume más de diez o doce minutos, pero esta pequeña inversión de tiempo le ahorrará por lo menos dos horas (entre 100 y 120 minutos) de tiempo perdido y esfuerzo impreciso durante el día.

Puede que haya oído hablar de la fórmula de las seis «P»: «Planificación Previa Pertinente Previene Pobre Productividad.»

Resulta asombroso que tan poca gente practique cada día la planificación cuando está demostrado cuánto ayuda a aumentar la productividad y el rendimiento. Y la planificación es algo verdaderamente muy sencillo. Sólo necesita una pluma y un papel. Las agendas electrónicas más sofisticadas, programas informáticos u organizadores del tiempo se apoyan en el mismo principio: antes de empezar, sentarse y escribir una lista de todo lo que tiene que hacer.

Dos horas extras por día

Trabaje siempre con una lista. Cuando se presente algo nuevo, agréguelo a la lista antes de hacerlo. Puede aumentar su productividad y rendimiento en un 25 por ciento o más desde el primer día que empiece a trabajar de manera coherente siguiendo una lista.

Haga la lista la noche anterior, al término del día de trabajo. Traslade todo lo que todavía no ha terminado a la lista del día siguiente y después agregue todo lo que tiene que hacer ese día. Si hace la lista la noche antes, su subconsciente trabajará con esa lista toda la noche mientras duerme. Y con frecuencia le ocurrirá levantarse con grandes ideas e intuiciones que puede utilizar para completar su trabajo con mayor prontitud y mejor de lo que había pensado inicialmente.

Mientras más tiempo dedique a hacer con anticipación una lista escrita de todo lo que tiene que hacer, más eficaz y eficiente será.

Diferentes listas para distintos propósitos

Necesita listas distintas para propósitos distintos. Primero debe crear un *listado maestro* en el cual escribe todo lo que le parece que quiere hacer en algún momento en el futuro. En ese listado anota cualquier idea que se le ocurra y cualquier tarea o responsabilidad nueva que se le presente. Puede elegir entre todo esto más tarde.

En segundo lugar, debe contar con una lista *mensual* que hace al final de cada mes para el mes siguiente. Puede contener asuntos que transfiere del listado maestro.

En tercer lugar, debe contar con una lista *semanal* donde planifica anticipadamente la semana completa. Esta lista se mantiene en construcción mientras transcurre la semana.

Esta disciplina de planificación sistemática del tiempo le puede ayudar bastante. Mucha gente me ha dicho que el hábito de reservar un par de horas al final de cada semana para planificar la siguiente ha contribuido a aumentar su productividad drásticamente y les ha cambiado por completo la vida. A usted también le va a funcionar esta técnica. Finalmente, debe transferir asuntos de sus listas mensuales y semanales a su lista *diaria*. Se trata de las actividades específicas que va a realizar el día siguiente.

Conforme transcurre la jornada laboral, ponga una señal en los asuntos de la lista que ha completado. Esto le permite disponer de un cuadro visual de los logros. Genera la sensación de éxito y de avance. Si ve que avanza progresivamente en su lista, se siente motivado y aumentan sus energías. También mejora su autoestima y respeto de sí mismo. El progreso continuo y visible le impulsa hacia delante y le ayuda a superar indecisiones.

Planificar un proyecto

Ante un proyecto de cualquier clase, empiece por hacer una lista de cada paso que tendrá que dar, de principio a fin, para completarlo. Organice las tareas del proyecto según prioridades y cree las secuencias necesarias. Contemple el todo en un papel o en la pantalla del ordenador. Y empiece a trabajar en una tarea a la vez. Le sorprenderá lo que puede conseguir de este modo.

Al avanzar en sus listas se sentirá más eficaz y poderoso. Sentirá que controla mejor su vida. Se sentirá naturalmente motivado para hacer todavía más. Pensará mejor y más creativamente y contará con más y mejores intuiciones que le permitirán trabajar aún más rápido. El progreso visible le ayudará a evitar la procrastinación.

Al trabajar ininterrumpidamente con el contenido de sus listas desarrollará una sensación de impulso positivo hacia delante, que le capacitará para superar la postergación de las decisiones y le dará mayor sensación de control de su vida. Esta sensación de progreso le proporcionará más energía y le mantendrá activo a lo largo del día.

Una de las reglas más importantes de la eficacia personal es la del *10/90*. Dice que el primer 10 por ciento del tiempo que ocupa planificando y organizando su trabajo, antes de empezar, le va a permitir ahorrar hasta el 90 por ciento del tiempo que ocupará en hacer el trabajo una vez que lo ha empezado. Basta con que pruebe una vez esta ley.

Si planifica anticipadamente su día, le resultará mucho más fácil empezarlo y continuar avanzando. El trabajo resulta así más rápido y fluye con mayor facilidad. Se siente más poderoso y competente. Nadie le podrá detener.

¡Tráguese ese sapo!

1. Empiece hoy mismo a planificar anticipadamente cada día, semana y mes. Coja un bloc de notas o un papel y haga una lista de todo lo que tiene que hacer en las próximas veinticuatro horas. Agregue a su lista lo que vaya surgiendo. Haga una lista de todos sus proyectos, de los grandes trabajos que son importantes para su futuro.

2. Ordene cada uno de sus objetivos, proyectos o tareas principales según su *prioridad*, su mayor importancia y según una *secuencia*, es decir según qué debe hacer primero, qué en segundo lugar, etcétera. Empiece teniendo presente el final y desde ese punto trabaje hacia atrás.

   ¡Piense sobre papel! Trabaje siempre con una lista. Le sorprenderá comprobar cuánto más aumenta su productividad y con cuánta facilidad se traga ahora su sapo.

3
Aplique a todo la regla del 80/20

Siempre tenemos tiempo para todo, si lo usamos bien.

JOHANN WOLFGANG VON GOETHE

La regla del 80/20 es uno de los conceptos de administración del tiempo y de la vida que más le pueden ayudar. También se la llama «Principio de Pareto», por su creador, el economista italiano Vilfredo Pareto, que por primera vez escribió sobre ella en 1895. Pareto observó que la gente de su sociedad parecía estar dividida naturalmente en lo que él llamó los «pocos que son vitales», el 20 por ciento superior en términos de dinero e influencia, y los «muchos que son triviales», el 80 por ciento inferior.

Posteriormente descubrió que virtualmente toda la actividad económica estaba sometida también a este principio. Esta regla dice, por ejemplo, que el 20 por ciento de sus actividades valen por el 80 por ciento de sus resultados, que el 20 por ciento de sus clientes constituyen el 80 por ciento de sus ventas, que el 20 por ciento de sus productos o servicios explican el 80 por ciento de sus ganancias, que el 20 por ciento de sus tareas valen el 80 por ciento de lo que hace, etcétera. Esto significa que si tiene una lista de diez asuntos que hacer, dos de esos asuntos van a valer tanto o más que los otros ocho asuntos en conjunto.

Número de tareas versus importancia de las tareas

Es un descubrimiento interesante. Cada una de esas tareas ocupa el mismo tiempo si se las realiza. Pero una o dos de esas tareas van a aportar cinco o diez veces el valor de cualquiera de las otras.

Y, con frecuencia, uno solo de los asuntos de una lista de tareas que tiene que hacer puede valer más que el conjunto de los otros *nueve* asuntos. Esta tarea es, siempre, el sapo que se debe tragar primero.

¿Adivina cuáles son los asuntos que la persona promedio probablemente va a postergar? La triste verdad es que la mayoría de la gente posterga del 10 al 20 por ciento de los asuntos que son más valiosos e importantes, los «pocos que son vitales». Se ocupan, en cambio, del menos importante 80 por ciento, los «muchos que son triviales» que contribuyen muy poco a los resultados.

Concéntrese en las actividades, no en los logros

A menudo vemos personas que pasan todo el día muy ocupadas pero parecen lograr muy poco. Esto es así casi siempre porque trabajan en tareas de poco valor y postergan el par de actividades que podrían ser verdaderamente importantes para su empresa o su carrera.

Las tareas más valiosas que puede hacer cada día son, a me- nudo, las más duras y complejas. Pero la recompensa por completarlas eficazmente puede ser tremenda. Por esta razón debe negarse de manera tajante a trabajar en tareas del 80 por ciento inferior mientras tiene pendientes otras tareas del 20 por ciento superior.

Antes de empezar a trabajar, pregúntese: «¿Esta tarea se encuentra en el 20 por ciento superior de mis actividades o en el 80 por ciento inferior?»

Regla: resista la tentación de terminar primero
con lo pequeño.

Recuerde que cualquier cosa que haga reiteradamente termina por convertirse en un hábito difícil de erradicar. Si opta por empezar el día con tareas de poco valor, muy pronto va a desarrollar el hábito de empezar siempre con este tipo de tareas. Y ésta no es la clase de hábito que quiere desarrollar o conservar.

La parte más dura de cualquier tarea importante es, justamente, empezar a hacerla. Una vez que verdaderamente empieza a trabajar en una tarea valiosa, parece que se motiva naturalmente para continuar. A una parte de su mente le gusta trabajar en tareas significativas que de verdad marcan una diferencia. Su trabajo es alimentar sin pausa esta parte de su mente.

Motívese a sí mismo

Basta con *pensar* en empezar y terminar una tarea importante para motivarse, lo cual ayuda a superar la postergación de las decisiones. El hecho es que el tiempo que se requiere para completar un trabajo importante suele ser el mismo que se requiere para hacer un trabajo sin importancia. La diferencia es que obtiene una tremenda sensación de orgullo y satisfacción si completa algo valioso y significativo. Sin embargo, si completa una tarea de poco valor, y utiliza la misma cantidad de tiempo y energía, casi no obtiene gratificación alguna.

La administración del tiempo es, en verdad, administración de la *vida,* administración *personal.* Es, realmente, la toma de control de la *secuencia de los sucesos.* Administrar el tiempo es controlar lo siguiente que hará. Y siempre será libre para elegir la tarea que hará después. Su capacidad para escoger entre lo importante y lo sin importancia es la clave que determina su éxito en la vida y en el trabajo.

Las personas eficaces y productivas se disciplinan para empezar por la tarea más importante que tienen delante. Se obligan a tragar ese sapo, cualquiera que sea. El resultado es que logran mucho más que la persona promedio y son mucho más felices. Este también tiene que ser su modo de trabajar.

¡Tráguese ese sapo!

1. Haga una lista de todos los objetivos, actividades, proyectos y responsabilidades clave de su vida actual. ¿Cuál de ellos podría estar en el 20 por ciento superior de tareas que representan o podrían representar el 80 o 90 por ciento de sus resultados?

2. Decida hoy mismo que va a ocupar más tiempo trabajando en esas pocas áreas que verdaderamente pueden constituir una diferencia positiva en su vida y en su carrera y que ocupará menos tiempo en actividades de menor valor.

4
Estudie las consecuencias

Los hombres que han llegado a ser grandes, los hombres que
han tenido éxito, lo han conseguido según la proporción con
que han concentrado sus poderes en un solo canal.

Orison Swett Marden

Lo que distingue al pensador superior es su capacidad para predecir exactamente las consecuencias de hacer o no hacer algo. Las consecuencias potenciales de cualquier tarea o actividad son los determinantes clave de la verdadera importancia que eso tiene para usted o para su empresa. Esta forma de evaluar la importancia de una tarea es la que le permite determinar cuál es verdaderamente su sapo siguiente.

El doctor Edward Banfield, de la Universidad de Harvard, concluyó, después de más de cincuenta años de investigaciones, que la «perspectiva a largo plazo» es el indicador más fiable para predecir de la manera más exacta la movilidad ascendente, social y económica, en Norteamérica. La perspectiva a largo plazo resulta más importante que los antecedentes familiares, la educación, la raza, la inteligencia, las relaciones y, virtualmente, cualquier otro factor para determinar el éxito en la vida y en el trabajo.

Su actitud hacia el tiempo, su «horizonte de tiempo», tiene un impacto enorme en su conducta y en sus elecciones. La gente que adopta una visión a largo plazo de su vida y carrera siempre parece adoptar mejores decisiones sobre su tiempo y actividades que la gente que reflexiona poco sobre el futuro.

*Regla: el pensamiento a largo plazo mejora
las decisiones de corto plazo.*

La gente exitosa tiene una clara orientación al futuro. Piensan a cinco, diez, veinte años plazo en el futuro. Analizan sus opciones y conductas en el presente para asegurarse de que son coherentes con el futuro a largo plazo que desean.

Tome mejores decisiones respecto al tiempo

Tener en su trabajo una idea clara de lo que verdaderamente es importante para usted a largo plazo le facilita adoptar mejores decisiones acerca de sus prioridades a corto plazo.

Algo importante tiene, por definición, consecuencias potenciales a largo plazo. Lo que no es importante tiene poca o ninguna consecuencia potencial a largo plazo. Antes de empezar algo, siempre debería preguntarse: «¿Cuáles son las consecuencias potenciales de hacer o no hacer esta tarea?»

*Regla: el futuro decide las influencias y suele
determinar las acciones actuales.*

Mientras más claras sean sus intenciones futuras, mayor influencia tendrá esa claridad en lo que hace en la actualidad. Si tiene una visión clara a largo plazo, es mucho más capaz de evaluar una actividad en el presente y de comprobar si es coherente con lo que se propone.

Piense en el largo plazo

La gente exitosa es la que está dispuesta a postergar la gratificación y a hacer sacrificios a corto plazo para poder disfrutar de muchas mayores recompensas a largo plazo. La gente que no tiene éxito, en cambio, piensa más en el placer a corto plazo y en la gratificación inmediata y piensa poco en el futuro a largo plazo.

Dennis Waitley, que imparte conferencias sobre motivación, dice: «Los perdedores hacen lo que *alivia tensiones* mientras que los ganadores hacen lo que *logra objetivos*». Por ejemplo, llegar más temprano al trabajo, leer regularmente sobre asuntos de su campo, inscribirse en cursos para mejorar sus habilidades y concentrarse en tareas de alto valor en el trabajo son asuntos que se combinan y que tienen un impacto enorme en su futuro. En cambio, llegar al trabajo en el último momento, leer el periódico, beber café y charlar con los colegas puede parecer agradable a corto plazo, pero inevitablemente conduce a falta de promoción, escasos logros y frustración a largo plazo.

Si una tarea o actividad tiene grandes consecuencias positivas potenciales, conviértala en primera prioridad y empiece de inmediato con ella. Si algo puede tener amplias consecuencias potenciales negativas si no lo hace pronto y bien, también debe convertirse en primera prioridad. Sea cual sea su sapo, tome la resolución de tragárselo de inmediato.

La motivación requiere de *motivos*. Mientras mayor sea el impacto potencial positivo que una acción o conducta suya puede tener en su vida, una vez que la ha definido claramente, más motivado estará para superar la postergación de las decisiones y completarla con prontitud.

Manténgase focalizado y en movimiento hacia delante porque continuamente empieza y completa aquellas tareas que pueden aportar una mayor diferencia positiva para su empresa y su futuro.

El tiempo fluye ininterrumpidamente de todos modos. La única pregunta es qué uso hace de él y dónde va a estar usted al cabo de las semanas y meses que pasan. Y dónde acabe depende en gran parte de la atención que preste a las consecuencias probables de sus acciones a corto plazo.

Pensar continuamente en las consecuencias potenciales de sus opciones, decisiones y conductas es uno de los mejores modos de determinar sus verdaderas prioridades en el trabajo y en la vida.

Obedezca la ley de la eficiencia obligada

La ley de eficiencia obligada dice que «nunca hay tiempo suficiente para hacer todo, pero siempre hay tiempo suficiente para hacer la cosa más importante».

En otras palabras, no se puede tragar todos los renacuajos y sapos del estanque, pero se puede tragar el más grande y más feo, y esto será bastante, por lo menos de momento.

Cuando ya no hay tiempo y las consecuencias de no completar una tarea o proyecto claves pueden ser verdaderamente graves, siempre parece encontrar el tiempo para terminar, con frecuencia en el último momento. Empieza temprano, se queda hasta tarde, y se obliga a completar el trabajo para así no tener que afrontar las consecuencias negativas que podrían ocurrir si no lo completa dentro de los límites fijados.

Regla: nunca habrá tiempo suficiente para hacer
todo lo que tiene que hacer.

El hecho es que la persona promedio trabaja en la actualidad a un 110 o 130 por ciento de su capacidad. Y los trabajos y responsabilidades continúan amontonándose. Todos nosotros tenemos pilas de material de lectura pendiente. Un estudio reciente concluyó que el ejecutivo promedio tiene entre 300 y 400 horas de lectura y proyectos acumulados en casa y en la oficina.

Esto significa que *nunca* se pondrá al día. Quítese esa idea de la cabeza. Lo único que puede esperar es estar al día en sus responsabilidades más importantes. Las otras sencillamente tienen que esperar.

Las fechas tope son una excusa

Mucha gente dice que trabaja mejor bajo la presión de las fechas tope. Por desgracia, años de investigación indican que eso es cierto en escasas ocasiones[1].

Bajo la presión de fechas tope, a menudo provocadas por la postergación de decisiones y retrasos, la gente padece más estrés, comete más errores y tiene que rehacer más tareas que en otras circunstancias. Con frecuencia, los errores que se cometen cuando la gente trabaja para cumplir con fechas tope

---

1. Andrew Blackman, «The Inner Workings of the Executive Brain», *Wall Street Journal*, 27 de abril de 2014.

muy ajustadas conducen a defectos y costes excesivos, que generan cuantiosas pérdidas financieras a largo plazo. A veces, en realidad, se tarda mucho más en terminar un trabajo cuando uno corre para completarlo en el último minuto y luego tiene que rehacerlo.

Tres preguntas para la máxima productividad

Puede plantearse regularmente tres preguntas para mantenerse enfocado en terminar sus tareas más importantes conforme a lo programado. La primera pregunta es: «¿*Cuáles son mis actividades de mayor valor?*»

En otras palabras, ¿cuáles son los sapos más grandes que tiene que tragarse para hacer el mayor aporte a su organización? ¿A su familia? ¿A su vida en general?

Esta es una de las preguntas más importantes que puede hacerse y contestar. ¿Cuáles son sus actividades de mayor valor? Primero contéstese por sí mismo. Después pregunte a su jefe. Pregunte a sus colaboradores y subordinados. Pregunte a su familia y amigos. Como cuando enfoca la lente de una cámara fotográfica, debe ser lo más diáfano posible sobre sus actividades de mayor valor antes de empezar a trabajar.

La segunda pregunta que se puede hacer continuamente es: «*¿Qué puedo hacer yo que sólo puedo hacer yo y que si lo hago bien producirá una verdadera diferencia?*»

Esta pregunta es cosecha de Peter Drucker, el gurú de la administración. Es una de las mejores preguntas para ser más eficaz. ¿Qué puede hacer solamente usted y, si lo hace bien, producir una verdadera diferencia?

Esto se refiere a algo que sólo puede hacer usted. Si no lo hace, nadie lo hará por usted. Pero si lo hace, y si lo hace bien, realmente puede producir una diferencia en su vida y en su carrera. ¿Qué es? ¿Cuál es su sapo en su trabajo?

A todas horas del día se puede hacer esta pregunta y obtendrá una respuesta específica. Su trabajo es ser claro en la respuesta y después empezar a trabajar en esa tarea antes que en otra cosa.

La tercera pregunta que puede hacerse es: «*¿Cuál es, hoy, el uso más valioso de mi tiempo?*» En otras palabras, ¿Cuál es mi sapo más grande en este momento?

Esta es la pregunta crucial de la administración del tiempo. Hacérsela es la clave para superar la postergación de decisiones y convertirse en una persona altamente productiva. A todas horas del día hay una respuesta para esta pregunta. Su trabajo es hacerse esta pregunta una y otra vez y trabajar siempre según la respuesta, cualquiera que ésta sea.

Haga primero las cosas de importancia principal y no haga las de importancia secundaria. Como decía Goethe: «*Las cosas que más importan nunca deben estar a merced de las cosas que menos importan*».

Mientras más precisas sean las respuestas a estas preguntas, más fácil le resultará establecer prioridades claras, superar la postergación de decisiones y empezar las actividades que implican el uso más valioso de su tiempo.

¡Tráguese ese sapo!

1. Revise con regularidad su lista de tareas, actividades y proyectos. Pregúntese continuamente: «¿Qué proyecto o actividad, si lo hago de manera excelente y oportuna, tendrá mayor impacto positivo en mi vida?»

2. Determine lo más importante que puede hacer cada hora de cada día y luego tenga la disciplina permanentemente haciendo el mejor uso de su tiempo. ¿Qué es lo más imortante que puede hacer ahora?

   Independientemente de lo que pueda ayudarle más, establézcalo como objetivo, haga un plan para lograrlo y póngase a trabajar en su plan inmediatamente. Recuerde estas maravillosas palabras de Goethe: *«Empieza y se te calentará la mente. Comienza y la tarea quedará completa»*.

5
Practique la procrastinación creativa

Reserve tiempo para terminar tareas importantes cada día. Planifique anticipadamente su agenda diaria. Identifique los relativamente pocos trabajos pequeños que es indispensable hacer inmediatamente en la mañana. Después ocúpese directamente de las grandes tareas y no pare hasta terminarlas.

BOARDROOM REPORTS

La procrastinación creativa es una de las técnicas más eficaces entre todas las técnicas de rendimiento personal. Puede cambiarle la vida.

Es un hecho que no puede hacer todo lo que tiene que hacer. ¡Tiene que postergar algo! Olvídese de tragarse sapos más pequeños o menos feos. Tráguese los sapos más grandes y más feos antes que cualquier otro.

La diferencia entre alto rendimiento y rendimiento pobre está determinada en gran medida por lo que se *elige* postergar. Como de todos modos debe postergar algo, decida hoy mismo postergar actividades de bajo valor. Decida postergar, encargar a otros, delegar y eliminar aquellas actividades que no contribuyen mucho a su vida. Libérese de los renacuajos y concéntrece en los sapos.

Prioridades versus posterioridades

Este es un punto clave. Para establecer prioridades adecuadas también debe establecer posterioridades. Una *prioridad* es algo que hace más y más a menudo, y una *posterioridad* es algo que hace menos y más tarde (si lo hace).

Regla: puede tener su tiempo y su vida bajo control sólo en la medida en que interrumpa las actividades de menos valor.

Una de las palabras más poderosas en la administración del tiempo es la palabra «No». Diga «no» a todo lo que no sea un uso de alto valor de su tiempo. Dígalo pronto y dígalo a menudo. El hecho es que no tiene tiempo que perder.

A Warren Buffett, una de las personas más ricas del mundo, una vez le preguntaron cuál era el secreto de su éxito. Contestó: «Simple, digo no a cada cosa que no es absolutamente vital para mí en ese momento».

Diga no a todo lo que no sea de gran valor para su vida. Diga no con cordialidad pero firmeza para evitar acceder a algo que no desea. Dígalo pronto y a menudo. Recuerde que no tiene tiempo que perder. Como solemos decir «mi agenda está completa».

Para hacer algo nuevo tiene que dejar de hacer algo viejo. Entrar en algo implica salir de algo. Coger algo implica dejar algo.

La procrastinación creativa es el acto de decidir consciente y deliberadamente las cosas exactas que no va a hacer ahora y quizá no haga nunca.

Procrastine a propósito

La mayoría de las personas operan por procrastinación *inconsciente*. Postergan sin pensar en ello. El resultado es que postergan las tareas grandes, duras, valiosas e importantes que pueden tener consecuencias significativas a largo plazo en su vida y en su carrera. Debe evitar a cualquier precio esta tendencia habitual.

Su trabajo es postergar deliberadamente tareas de bajo valor para que pueda dedicar más tiempo a tareas que verdaderamente puedan marcar una diferencia en su vida y su trabajo.

Revise continuamente sus deberes y responsabilidades para identificar tareas y actividades que consumen tiempo y que puede abandonar sin perder nada importante. Esta es una responsabilidad constante y que no termina nunca.

Un amigo mío, por ejemplo, de soltero era fanático del golf. Le gustaba jugar tres o cuatro veces por semana y tres o cuatro horas cada vez.

Con el paso de los años, se casó, creó una empresa y tuvo dos hijos. Pero seguía jugando al golf tres o cuatro veces por semana hasta que finalmente cayó en la cuenta de que el golf provocaba un tremendo estrés en su casa y en la oficina. Sólo reduciendo sustancialmente el tiempo que dedicaba al golf pudo recuperar el control de su vida. Especialmente su vida familiar.

Fije posterioridades para las actividades que consumen tiempo

Analice sus actividades fuera de la oficina para decidir cuáles no son importantes. Disminuya el tiempo que ve televisión y dedique el tiempo ganado a su familia, lea, haga ejercicio o alguna actividad que mejore su vida.

Estudie su actividad laboral e identifique las tareas que puede delegar o eliminar para liberar más tiempo para el trabajo que verdaderamente importa. Empiece hoy mismo a practicar la postergación creativa, a establecer posterioridades siempre que pueda. Esta sencilla decisión puede cambiarle la vida.

¡Tráguese ese sapo!

1. Practique el «pensamiento de base cero» en todos los aspectos de su vida. Pregúntese continuamente: «Si aún no estuviera haciendo esto, sabiendo lo que ahora sé, ¿lo volvería a hacer hoy?» Si es algo que no volvería a empezar hoy, sabiendo lo que ahora sabe, es un claro candidato a la procrastinación creativa.
2. Examine cada una de sus actividades personales y de trabajo y evalúelas según su situación actual. Si hay algo que no empezaría hoy, sabiendo lo que ahora sabe, mejor olvídese de él o aplíquele la postergación creativa.

6
Practique continuamente el método ABCDE

La primera ley del éxito es la concentración, dirigir todas
las energías hacia un único punto e ir directamente a ese punto
sin mirar a la derecha ni a la izquierda.

WILLIAM MATHEWS

Mientras más tiempo invierta en planificar mentalmente y establecer prioridades antes de empezar, más cosas importantes hará una vez que empiece y con mayor prontitud las tendrá terminadas. Mientras más importante y valiosa sea la tarea para usted, más motivado estará para superar las indecisiones y entregarse al trabajo.

El método ABCDE es una poderosa técnica de establecimiento de prioridades que puede utilizar todos los días. Esta técnica es tan sencilla y eficaz que puede, por sí misma, hacer de usted una de las personas más eficaces y eficientes en su campo de actividades.

Piense en papel

El poder de esta técnica reside en su sencillez. Funciona así: empiece con la lista de lo que tiene que hacer al día siguiente. Piense sobre papel.

Después escriba una A, B, C, D o E delante de cada asunto de la lista antes de empezar con la primera tarea.

Un asunto «A» se define como algo muy importante, que *debe* hacer o en caso contrario afrontará graves consecuencias.

Un asunto «A» podría ser la visita a un cliente clave o la finalización de un informe que su jefe necesita para la próxima reunión de la junta directiva. Estos asuntos son los sapos de su vida.

Si tiene más de una tarea «A», establezca prioridades escribiendo A-1, A-2, A-3, etcétera, delante de cada asunto. Su tarea A-1 es el sapo más grande y más feo de todos.

Debería vs. Debo

Un asunto «B» se define como una tarea que *debería* hacer. Pero sus consecuencias sólo son leves. Estos asuntos son los renacuajos de su vida de trabajo. Esto significa que alguien se molestará o tendrá algún inconveniente si no hace ese trabajo que de ningún modo es tan importante como una tarea «A». Devolver una llamada telefónica poco importante o revisar el correo electrónico puede ser una tarea «B».

La regla es que nunca debe hacer una tarea «B» si hay pendiente una tarea «A». Un renacuajo nunca debe distraerle cuando le está esperando, dispuesto para que se lo trague, un gran sapo.

Una tarea «C» se define como algo que sería *agradable* hacer, pero cuyas consecuencias son inexistentes lo haga o no lo haga. Las tareas «C» incluyen telefonear a un amigo, un café o un almuerzo con colegas o el término de algún negocio personal en horas de trabajo. Esta clase de actividad no tiene efecto alguno en su vida de trabajo.

Una tarea «D» se define como algo que puede *delegar* en otra persona. La regla es que debe delegar todo lo que puede hacer otro para así contar con más tiempo disponible para las tareas «A» que sólo usted puede hacer.

Una tarea «E» se define como algo que puede *eliminar* sin que eso importe en lo más mínimo. Puede ser una tarea que fue importante en su momento, pero que ahora ya no es relevante para nadie. A menudo es algo que continúa haciendo por simple costumbre o porque disfruta haciéndolo.

Después de aplicar el método ABCDE a su lista, está completamente organizado y listo para conseguir que las cosas más importantes se hagan más rápidamente.

Actúe inmediatamente

La clave para que funcione este método ABCDE es que se discipline ahora mismo para empezar con la tarea A-1 y perseverar en ella hasta completarla. Utilice su fuerza de voluntad para ponerse en marcha y mantenerse trabajando en ésta, la tarea más importante que podría hacer. Tráguese el sapo entero y no se detenga hasta terminar con él.

Su capacidad para pensar detalladamente y analizar su lista de trabajo y determinar su tarea A-1 es el trampolín que le proyectará a niveles más altos de logro, a mayor autoestima, respeto de sí mismo y orgullo personal.

Cuando desarrolle el hábito de concentrarse en su actividad A-1, la más importante, de tragarse ese sapo, empezará a terminar de hacer más cosas que dos o tres personas juntas.

¡Tráguese ese sapo!

1. Revise ahora su lista de trabajo y escriba una A, B, C, D o E delante de cada tarea o actividad. Seleccione su trabajo o proyecto A-1 y empiece a trabajar en él de inmediato. Disciplínese para no hacer nada más mientras este trabajo no esté completo.

2. Practique cada día este método ABCDE con cada lista de trabajos o de proyectos antes de empezar a trabajar. Hágalo durante un mes. Al cabo de ese tiempo habrá desarrollado el hábito de trabajar en las tareas de más alta prioridad y tendrá asegurado el futuro.

7
Céntrese en áreas clave de resultados

Cuando todo recurso físico y mental está focalizado,
se multiplica de manera tremenda el poder de uno para
resolver un problema.

NORMAN VINCENT PEALE

«¿Por qué estoy en nómina?» Esta es una de las preguntas más importantes que se puede hacer y contestar una y otra vez durante su carrera.

La mayoría de las personas no están exactamente seguras de *por qué* están en nómina. Pero si no tiene perfectamente claro por qué está en nómina en una empresa, y para qué le contrataron, es muy difícil que rinda al máximo y que le paguen más y le promuevan más rápidamente.

Dicho de forma bastante simple, la respuesta es que le han contratado para obtener *resultados* específicos. Una remuneración o un salario es un pago por una cantidad y calidad específicas de trabajo, que se puede combinar con el trabajo de otros para crear un producto o servicio por el cual los clientes están dispuestos a pagar. Cada trabajo se puede dividir en cinco, seis o siete áreas de resultados, pocas veces en más. Estos son los resultados que tiene que alcanzar para cumplir con sus responsabilidades y contribuir al máximo a la organización.

Un área clave de resultados es algo que debe lograr si quiere tener éxito en su trabajo. Es un área de tareas de la cual usted es completamente responsable. Si no se ocupa de ella, nadie lo hará. Un área clave de resultados es una actividad que está bajo su control. Es un producto de su trabajo que se convierte en aporte o factor que contribuye al trabajo de otros.

Las áreas clave de resultados son semejantes a las funciones vitales del cuerpo, como la presión sanguínea, el ritmo cardíaco, el ritmo respiratorio y la actividad de las ondas cerebrales. La ausencia de alguna de esas funciones vitales conduce a la muerte del organismo. Por esta razón, no rendir al máximo en un área crítica de resultados en su trabajo también puede conducir al despido.

Los siete grandes del management y las ventas

Las áreas clave de resultados en administración, por ejemplo, son planificación, organización, equipo, delegación, supervisión, medición e informes. Estas son las áreas en las que un administrador debe obtener resultados para tener éxito en su área de responsabilidad. Tener falencias en cualquiera de estas áreas puede conducir a un fracaso como gestor.

Tiene que poseer conocimientos y habilidades esenciales para su trabajo. Estas exigencias cambian constantemente. Ha desarrollado competencias cruciales que le permiten hacer el trabajo.

Pero los resultados clave son siempre centrales en su trabajo y determinan si tiene éxito o fracasa en él.

El punto de partida del rendimiento óptimo es que identifique las áreas clave de resultados de su trabajo. Discútalas con su jefe. Haga una lista de sus responsabilidades y asegúrese de que las personas que estén por encima de usted, o en el mismo nivel o sus subordinados, estén de acuerdo con ello.

Para un vendedor, por ejemplo, la prospección y la construcción de una relación de confianza, así como identificar necesidades, responder a objeciones, cerrar la venta y conseguir referencias, son áreas claves de resultados. Un mal rendimiento en cualquiera de estas habilidades puede conducir a bajas ventas y al fracaso del vendedor

Haga lo que haga, debe tener ciertas habilidades esenciales para hacer bien su trabajo. Esas demandas cambian constantemente. Si está haciendo el trabajo es porque probablemente ya tenga muchas de esas habilidades desarrolladas, pero son ciertas áreas claves las que son esenciales y que determinan su éxito o fracaso ¿Sabe cuáles son?

La claridad es esencial

El punto de partida del alto rendimiento es identificar las áreas claves de su trabajo. Discútalas con su jefe, Elabore una lista de sus principales responsabilidades y asegúrese de que la gente que está a su mismo nivel o debajo suyo, acuerdan con ello.

Por ejemplo, para un vendedor conseguir citas importantes es clave para el proceso de venta. Cerrar una venta es otra área clave de resultados. Cuando la venta ya está hecha, dispara la actividad de mucha otra gente para producir o entregar el producto o servicio.

En el caso del propietario de una empresa o de un ejecutivo clave, negociar un crédito bancario es un área clave de resultados. Contratar la gente apropiada y delegar eficazmente son otras áreas clave de resultados. Para una secretaria o recepcionista, mecanografiar una carta o contestar el teléfono y transferir rápidamente las llamadas son áreas clave de resultados. La capacidad de las personas para desempeñar estas tareas rápidamente y bien determina en gran medida su remuneración y posibilidades de promoción.

Evalúese

Una vez que ha determinado sus áreas clave de resultados, el segundo paso es calificarse de uno a diez en cada una de esas áreas. ¿En cuáles es fuerte y en cuáles débil? ¿Dónde está obteniendo excelentes resultados y en cuáles se desempeña pobremente?

Regla: su área clave de resultados más débil marca hasta dónde puede utilizar todas sus habilidades y capacidades.

Esta regla dice que puede ser excepcional en seis de siete áreas clave de resultados, pero verdaderamente pobre en la séptima, y su pobre rendimiento en el área séptima le hace retroceder y determina cuánto podrá lograr con el resto de sus habilidades. Esta debilidad actuará como un freno en su eficacia y será constante fuente de fricción y frustración.

Para un gerente, por ejemplo, delegar es un área clave de resultados. Esta habilidad es el punto clave de apalancamiento que permite que el gerente dirija, que obtenga resultados a través de otros. Un gerente que no puede delegar adecuadamente tampoco puede utilizar sus otras habilidades en su nivel máximo de eficacia. La deficiente habilidad para delegar puede llevarle al fracaso en su trabajo.

El mal rendimiento lleva a la procrastinación

Una de las mayores razones de la postergación de las decisiones en el lugar de trabajo es que la gente evita los trabajos y actividades en áreas donde antes se ha desempeñado mal. En lugar de establecer un objetivo y hacer un plan para mejorar en un área determinada, la mayoría de la gente prefiere sencillamente evitar esa área, lo que sólo empeora las cosas.

El reverso de la medalla es que mientras *mejor* sea en una determinada área de habilidades, más motivado estará para desempeñar esa función y menos cosas postergará y más decidido estará a llevarlas a buen término.

Es un hecho que todo el mundo tiene fortalezas y debilidades. Niéguese a racionalizar, justificar o defender sus áreas débiles. En cambio, identifíquelas con claridad. Establezca un objetivo y haga un plan para ser muy bueno en cada una de esas áreas. ¡Piense! Puede que sólo esté a una habilidad crítica de distancia del óptimo rendimiento en su trabajo.

La gran pregunta

Esta es una de las grandes preguntas que siempre tiene que hacerse y contestar: «*¿Qué habilidad específica, si la desarrollo y la hago de manera excelente, puede tener el mayor impacto positivo en mi carrera?*»

Debe utilizar esta pregunta para que guíe su carrera por el resto de la vida. Busque en sí mismo la respuesta. Probablemente la conozca. Plantéele la pregunta a su jefe. A sus colegas. A sus amigos y a su familia. Cualquiera que sea la respuesta que obtenga, indague y después póngase a trabajar para incrementar su rendimiento en esa área.

La buena noticia es que todas las habilidades de negocios *se pueden aprender*. Si otro sobresale en un área clave de resultados determinada, esto demuestra que usted también puede ser excelente en ello si así lo decide.

Una de las maneras más rápidas y mejores de dejar de postergar y conseguir hacer más cosas velozmente es ser absolutamente excelente en las áreas clave de resultados. Esto puede ser tan importante como cualquier otra cosa que haga en su vida o su carrera.

¡Tráguese ese sapo!

1. Identifique las áreas clave de resultados de su trabajo. ¿Cuáles son? Escriba los resultados clave que tiene que conseguir para hacer su trabajo de manera excelente. Califíquese de uno a diez en cada área. Y después determine la habilidad clave que, si la hace de modo excelente, le ayudará más en su trabajo.

2. Presente esta lista a su jefe y discútala con él. Solicite una evaluación honesta. Sólo puede mejorar si está abierto a los aportes constructivos de otras personas. Discuta sus resultados con su equipo y colaboradores. Convérselos con su mujer.

   Convierta en hábito hacer estos análisis regularmente durante el resto de su carrera. Nunca cese de mejorar. Esta mera decisión puede cambiarle la vida.

8
Aplique la ley de Tres

Haz lo que puedas, con lo que tengas, en donde estés

Theodore Roosevelt

Tres de las tareas claves que uno desarrolla aportan la mayoría del valor con el que contribuye a un negocio u organización. Su habilidad para identificar adecuadamente estas tres tareas claves, y luego concentrarse en ellas, es esencial para rendir al máximo. Déjeme contarle una historia.

Tres meses luego de su primera sesión de coaching conmigo, en San Diego, Cynthia le contó al grupo lo siguiente: «Cuando comencé hace 90 días, me dijo que me enseñaría a duplicar mis ingresos y mi tiempo libre en doce meses. Eso sonaba totalmente irreal pero yo estaba dispuesta a probar.

»El primer día me dijo que escribiera en papel una lista de todo lo que hiciera durante un mes o una semana. Me encontré con diecisiete tareas de las cuales era responsable. Mi problema es que estaba completamente sobrecargada de trabajo. Trabajaba hasta doce horas por día, seis días a la semana, y no pasaba tiempo suficiente con mi marido y mis hijos. No le veía salida a la situación.

»Hace ocho años que trabajo para una empresa tecnológica en crecimiento y el trabajo va en aumento constantemente y nunca hay tiempo.

Una cosa todo el día

Continuó con su historia: «Una vez que hice la lista, usted me dijo que me preguntara si solo pudiera hacer una de estas cosas, cuál sería la que tuviese más valor para la empresa. Una vez identificada la destaqué.

»Luego me preguntó qué otra cosa haría. Una vez identificada la segunda, hice lo mismo con la tercera.

»Luego dijo algo que me impactó: que el 90% del valor que alguien aporta a un negocio u organización consiste en tres tareas, cualesquiera sean. Todo lo demás son tareas de apoyo o complementarias que probablemente pueden ser delegadas, traspasadas, disminuidas o eliminadas.»

Actúe inmediatamente

Cynthia continuó su historia: «Al ver las tres tareas que había seleccionado, me di cuenta de que eran las cosas en las que más valor aportaba. Esto fue un viernes. El lunes a las diez de la mañana me reuní con mi jefe y le expliqué lo que había descubierto. Le dije que necesitaba ayuda para delegar las otras tareas menores ya que, si podía dedicarme todo el día a las tres importantes, podría duplicar mi aportación a la empresa. Luego le dije que si duplicaba mi aporte quería ganar el doble de dinero.

»Mi jefe se quedó en silencio, miró mi lista de tareas, me observó y volvió a mirar al listado. Luego dijo: "Tienes razón, estas son las tareas más importantes para nosotros. Te ayudaré a delegar las cuestiones menores a otras personas para que trabajes a tiempo completo en estas tres. Y si rindes el doble, te pagaré el doble".»

Transforme su vida

Cynthia concluyó diciendo: «Él cumplió, luego yo cumplí y él cumplió. Me ayudó a delegar, yo dupliqué mi aporte a la empresa y luego duplicó mi sueldo. He trabajado muy duro durante más de ocho años y dupliqué mis ingresos en solo un mes gracias a centrar todo mi tiempo y energía en mis tareas claves. No sólo eso, si no que en lugar de trabajar doce horas, trabajo de 8 a 5 y luego tengo tiempo a las tardes para estar con mi familia. Centrarme en mis tareas claves me ha cambiado la vida.»

Quizás la palabra más importante en el mundo laboral sea contribución. Las recompensas, tanto económicas como emocionales, siempre estarán directamente relacionadas con los resultados, con el valor de la contribución. Si quiere mejorar ingresos, tiene que incrementar el valor de lo que hace. Debe dedicarse a contribuir con más resultados a su empresa. Y son la tres tareas claves las que más contribuyen.

El método de la lista rápida

Este es un ejercicio que usamos con nuestros clientes en su proceso. Les damos una hoja de papel y les decimos: «En treinta segundos escriba sus objetivos más importantes en su vida en este momento».

Hemos descubierto que cuando la gente tiene sólo treinta segundos para definir sus tres principales metas, sus respuestas son tan ciertas como si tuvieran 30 minutos o tres horas. Sus mentes subconscientes parecen funcionar a toda velocidad y sus metas más importantes aparecen claramente en sus cabezas y se escriben en el papel, a menudo para propia sorpresa del que las escribe.

En más del 80 por ciento de los casos la gente tiene tres objetivos en común: Primero un objetivo financiero y de carrera, luego una relación personal o familiar y, tercero, una meta de salud o estado físico. Y es como debería ser: Estas son las tres áreas más importantes de la vida. Si se evalúa de uno a diez en cada una de estas áreas, inmediatamente podrá identificar dónde le está yendo bien en la vida y dónde tiene que mejorar: pruébelo y verá. Dele este ejercicio a su pareja o niños. Las respuestas pueden ser reveladoras.

Luego, en nuestro programa de coaching, expandemos el ejercicio preguntando:

1. ¿Cuáles son las tres metas más importantes en su carrera o negocio?
2. ¿Cuáles son las tres más importantes en sus relaciones personales o familiares?
3. ¿Cuáles son sus objetivos financieros más importantes hoy?
4. ¿Cuáles son sus tres objetivos de salud más importantes?
5. ¿Cuáles son las metas profesionales o personales para desarrollar ya?
6. ¿Cuáles son las tres metas más importantes sociales y de comunidad?
7. ¿Cuáles son sus tres principales preocupaciones en la vida hoy?

Cuando uno se fuerza a preguntarse y contestarse esas preguntas en treinta segundos o menos, se sorprenderá de las respuestas. Cualquiera hayan sido sus respuestas, serán representativas de su situación actual. Le dirán lo que es importante para usted.

Mientras define objetivos y prioridades, se organiza y se concentra en una tarea a la vez, se disciplina para terminar las más importantes, nunca debe olvidar que su fin principal es vivir una larga vida feliz y saludablemente.

La gestión del tiempo es un medio para un fin

La principal razón para desarrollar una estrategia de gestión del tiempo es poder completar todas las tareas laborales importantes y liberar tiempo par hacer las cosas personales que le brinden más satisfacción y felicidad.

El 85 por ciento de la felicidad proviene de relaciones felices con otras personas, especialmente con aquellos cercanos, así como miembros de su familia. El determinante de la calidad de sus relaciones es la cantidad de tiempo que pasa cara a cara con la gente que ama y que lo ama.

El propósito de la gestión de tiempo, de tragarse ese sapo y hacer más cosas en menos tiempo, es poder pasar más tiempo cara a cara con la gente a la que uno le importa, haciendo las cosas que le brindan más alegría en la vida.

Regla: Es la calidad de tiempo en el trabajo la que
cuenta y la cantidad de tiempo en el hogar
la que importa.

Trabaja todo el tiempo que trabajes

Para mantener una vida equilibrada debe dedicar a *trabajar todo el tiempo que trabaje.* Cuando va al trabajo, agache la cabeza y trabaje todo lo que pueda. Comience un poco antes y termine un poco después. Cada minuto que pierda hablando con sus compañeros de trabajo es tiempo perdido para hacer las cosas que tiene que hacer.

Peor aún, el tiempo que pierde en el trabajo a menudo tiene que ser a costa de su familia. Si tiene que quedarse hasta tarde o trabajar desde casa por no trabajar eficientemente en la oficina crea un estrés innecesario en su vida familiar y deja de ser la mejor persona que pueda ser.

El equilibrio no es opcional

Uno de los dichos más famosos de la antigua Gracia dice: «moderación en todas las cosas». Necesita equilibrio entre trabajo y vida privada. Necesita establecer prioridades y concentrarse en las tareas más importantes. Al mismo tiempo, nunca debe perder de vista que la razón para trabajar eficientemente es poder tener más tiempo libre para sus actividades personales y familiares.

A veces la gente me dice: ¿cómo puedo conseguir equilibrio entre trabajo y familia?

Les respondo con una pregunta: ¿cuántas veces un funambulista se balancea sobre el cable? Lo piensan unos segundo y me contestan: «Todo el tiempo». Es lo mismo que ocurre con el equilibrio entre trabajo y vida personal, es un equilibrio que hay que ir ajustando todo el tiempo y sobre el que hay que trabajar.

El objetivo debería consistir en ser lo más eficiente posible en el trabajo de forma de conseguir la mayor retribución posible de su carrera. Al mismo tiempo tiene que acordarse de «disfrutar del olor de las flores en el camino». Nunca pierda de vista las razones por las cuales hace lo que hace. Mientras más tiempo pase con sus seres queridos cara a cara más feliz será.

¡Tráguese ese sapo!

1. Identifique las tres tareas más importantes de su trabajo y luego pregúntese: «si solo pudiera hacer una cuál sería». Luego repita esto dos veces más. Una vez que tiene identificadas las tres grandes, concéntrese en trabajar en ellas todo el día.

2. Identifique las tres principales metas en cada tarea de su vida. Organícelas por prioridad y planifique cómo va a conseguirlas. Actúe en consecuencia y sorpréndase de los logros que conseguirá en los próximos meses y años.

9

Prepárese concienzudamente antes de empezar

Independientemente del nivel de su capacidad, posee un potencial mayor que el que puede desarrollar en toda su vida.

JAMES T. McKAY

Una de las mejores maneras de superar la postergación de las decisiones y lograr hacer más cosas más rápido es tener a mano todo lo que necesita antes de empezar. Cuando uno está completamente preparado es como un arma cargada y amartillada o como un arquero que tiene la flecha tensada en el arco. Sólo necesita un pequeño impulso mental para empezar sus tareas de mayor valor.

Es algo parecido a tener todo dispuesto para preparar una cena completa, con un gran sapo como plato principal. Dispone todos los ingredientes en la mesa y después empieza a juntar y mezclar las cosas una por una, paso a paso.

Empiece por despejar su escritorio o su lugar de trabajo para enfrentarse a una única tarea. Si es necesario, deje todo lo demás en el suelo o en otra mesa. Reúna toda la información, informes, detalles, artículos y materiales de trabajo que va a requerir para completar el trabajo. Tenga todo a mano para que pueda utilizarlo sin tener que levantarse o moverse mucho.

Asegúrese de contar con todo lo necesario para escribir, con las contraseñas, las direcciones de correo electrónico y cuanto necesite para empezar y continuar trabajando hasta que el trabajo esté terminado.

Ordene su zona de trabajo para que sea cómoda, atractiva y propicia para trabajar un tiempo prolongado. Asegúrese, sobre todo, de que dispone de una silla cómoda con un buen respaldo y permita que sus pies se apoyen en el suelo.

Cree un espacio laboral confortable

Las personas más productivas se dan tiempo para crearse una zona de trabajo donde pueden disfrutar. Mientras más despejada y limpia esté su área de trabajo antes de que empiece, más fácil le resultará empezar y continuar.

Una de las grandes técnicas para superar la postergación de las decisiones (tragarse sapos) es tener todo dispuesto por anticipado antes de trabajar. Cuando todo está organizado en orden y en una secuencia adecuada, uno se siente mucho mejor para empezar a trabajar.

Es asombrosa la cantidad de libros que nunca se escribieron, de licenciaturas y doctorados que nunca se completaron, de tareas capaces de cambiar la vida que nunca empezaron debido a no haber dado ese primer paso de preparar todo por anticipado.

Láncese hacia sus sueños

Una vez que ha completado sus preparativos es esencial que busque inmediatamente sus objetivos. Comience ya, haga lo primero que tenga que hacer, sea lo que sea. Mi consejo es «hazlo un 80 por ciento bien y luego corrige». No espere la perfección de entrada. Es bueno estar preparado para cometer errores antes de acertar.

Wayne Gretzky, el gran jugador de hockey sobre hielo decía que «uno falla el cien por cien de los lanzamientos que no intenta. Una vez que este preparado, tenga el coraje de actuar y lo demás irá sucediendo. La forma de conseguir el coraje suficiente es actuar como si ya lo tuviera y comportarse en forma acorde.

Dé el primer paso

Cuando esté sentado con todo delante suyo, dispuesto a empezar, asuma el lenguaje corporal del alto rendimiento. Siéntese erguido, adelántese en el asiento y sepárese del respaldo de la silla. Asuma la postura de una persona eficiente, eficaz y que rinde al máximo. Entonces hágase cargo del primer asunto y exclame «¡manos a la obra!» y sumérjase en el trabajo. Y una vez que haya comenzado, continúe hasta terminar.

¡Tráguese ese sapo!

1. Eche un buen vistazo a su escritorio o despacho tanto en casa como en la oficina. Pregúntese: «¿Qué clase de persona trabaja en un ambiente como éste?». Mientras más despejado y limpio esté su ambiente de trabajo, más positivo, productivo y seguro se sentirá.

2. Decida hoy mismo que va a limpiar completamente su escritorio y despacho para sentirse eficaz, eficiente y dispuesto a empezar cada vez que se siente a trabajar.

10
Ponga un ladrillo después de otro

Personas moderadamente capaces, en términos comparativos, obtendrán grandes resultados si se dedican por entero y sin descanso primero a una cosa y luego a otra.

SAMUEL SMILES

Es mejor hacer las cosas metódicamente, sin saltarse ningún estadio intermedio.

Una de las mejores maneras de superar la postergación de las decisiones es apartar de la mente la enorme tarea que tiene enfrente y centrarse en una sola acción que pueda emprender. Uno de los mejores modos de tragarse un gran sapo es haciéndolo bocado a bocado.

Dice LaoTzu: «Un viaje de mil leguas empieza con un solo paso». Esta es una gran estrategia para superar la postergación de las decisiones y conseguir trabajar más y más rápido.

Cruzar un gran desierto

Hace muchos años atravesé el corazón del desierto del Sahara, el Tanezrouft, ubicado en lo que hoy es Argelia. Para entonces hacía años que los franceses habían abandonado el desierto y los puestos para proveerse de combustible estaban en ruinas.

El desierto tiene una extensión de ochocientos kilómetros en línea recta y allí no había alimentos, agua, ni una hoja de hierba, ni siquiera una mosca. Era completamente llano, como un enorme aparcamiento de arena amarilla que se prolongaba hasta el horizonte en todas direcciones.

Más de 1.300 personas habían muerto intentando atravesar esa región del Sahara en años anteriores. Con bastante frecuencia las arenas habían borrado por completo las rutas que atraviesan el desierto y los viajeros se habían perdido en la noche. Para contrarrestar la falta de señales en el terreno, los franceses habían señalizado las rutas con bidones negros de petróleo cada cinco kilómetros, la distancia exacta hasta el horizonte, donde la tierra se curva mientras avanzas por ese baldío plano.

Por esa razón, si era de día, siempre podíamos ver dos bidones de petróleo, el que acabábamos de dejar atrás y el siguiente a cinco kilómetros de distancia. Y eso bastaba.

Sólo teníamos que virar en dirección al bidón siguiente. De este modo conseguimos cruzar el mayor desierto del mundo atendiendo a la presencia de un bidón y luego del siguiente.

Dé un paso a la vez

Del mismo modo, puede completar la mayor tarea de su vida si se disciplina para dar un solo paso a la vez. Su trabajo consiste en ir hasta donde pueda ver. Una vez llegado a ese lugar podrá ver más lejos y continuar.

Para completar una gran tarea debe empezar con fe y tener completa confianza en que su paso siguiente le resultará claro muy pronto. Recuerde este maravilloso consejo: «¡Salte, y aparecerá la red!»

Una gran vida o una gran carrera se construye realizando una tarea a la vez. Rápido y bien, y después encarando la tarea siguiente.

La independencia financiera se adquiere ahorrando una pequeña cantidad cada mes, año tras año. La salud y la buena aptitud física se consiguen con sólo comer un poco menos y hacer ejercicio un poco más, día tras día y mes tras mes.

Puede superar la postergación de las decisiones y lograr cosas extraordinarias con sólo dar el primer paso, dirigiéndose hacia su objetivo y después dando un paso a la vez, poniendo un ladrillo después de otro, avistando un bidón de petróleo después del otro.

¡Tráguese ese sapo!

1. Seleccione cualquier objetivo, tarea o proyecto personal que ha estado postergando y construir una lista de todos los pasos que debe dar para completar finalmente la tarea.

2. Luego empiece y complete un punto de la lista inmediatamente y después otro. Y después el siguiente. Le sorprenderá lo que conseguirá.

11
Refuerce sus talentos especiales

El único medio seguro para el éxito es entregar más y mejores
servicios que los que se esperan de usted, sin que importe
cuáles sean sus tareas.

Og Mandino

Reforzar sus talentos es uno de los principios de productividad
personal más importantes de todos. Aprenda lo que tenga que
aprender para poder hacer su trabajo de manera sobresaliente.
Mientras mejor sea para tragarse un determinado tipo de sapo,
más probabilidades tiene de sumergirse en el trabajo y termi-
narlo.

Una razón principal de las postergaciones y retrasos es la
sensación de ineptitud, la falta de confianza o la incapacidad en
un área clave de la tarea. Sentirse débil o deficiente en un área
basta para que se desaliente y ni siquiera empiece el trabajo.

Optimice continuamente sus habilidades en sus áreas clave
de resultados. Recuerde que por más bueno que sea hoy, la tasa

de obsolescencia de sus conocimientos y habilidades es muy rápida. Como ha dicho el entrenador de baloncesto Pat Riley, «si no mejoras, empeoras.»

Nunca deje de aprender

Una de las técnicas más beneficiosas para la administración del tiempo es *mejorar* en sus tareas clave.

El mejoramiento personal y profesional es una de las cosas que más tiempo ahorra. Mientras mejor sea en una tarea clave, más motivado se encuentra para entregarse a ella. Mientras mejor sea, más entusiasmo y energías tiene. Cuando sabe que puede hacer bien un trabajo, le resulta más fácil superar las indecisiones y conseguir que el trabajo se efectúe con mayor rapidez y mejor que en cualquier otra circunstancia.

Un fragmento de información o una habilidad adicional puede producir una enorme diferencia en su capacidad para hacer bien el trabajo. Identifique las cosas más importantes que hace y después haga un plan para optimizar continuamente sus habilidades en esas áreas.

> *Regla: el aprendizaje continuo es el requisito*
> *mínimo para el éxito en cualquier campo.*

No acepte una debilidad o falta de capacidad en ningún área que le haga retroceder. Todo se puede aprender en los negocios. Y lo que otros han aprendido también lo puede aprender usted.

Cuando empecé a escribir mi primer libro, me desalentó darme cuenta de que sólo podía escribir con algunos dedos. Muy pronto me di cuenta de que tenía que aprender a escribir al tacto si quería escribir y corregir un libro de 300 páginas. Así que compré para mi ordenador un programa para aprender a escribir al tacto y practiqué veinte o treinta minutos diarios, todos los días durante tres meses. Al cabo de ese lapso, estaba escribiendo entre cuarenta y cincuenta palabras por minuto. Provisto de esta habilidad, he podido escribir una docena de libros que se han publicado en todo el mundo.

La mejor noticia es que puede aprender cualquier habilidad que necesite para ser más productivo y más eficaz. Puede convertirse en mecanógrafo si hace falta. Puede llegar a ser un experto en ordenadores. Puede ser un magnífico negociador o un supervendedor. Puede aprender a hablar en público. Puede aprender a escribir bien y con eficacia. Son habilidades que puede adquirir tan pronto como lo decida y las convierta en prioridades.

Tres pasos para dominar un tema

Primero, lea sobre ese tema por lo menos una hora cada día. Levántese un poco más temprano por la mañana y lea treinta o sesenta minutos un libro o una revista que contengan información que le pueda ayudar a ser más eficaz y productivo en lo que hace.

Segundo, asista a todos los cursos y seminarios disponibles sobre habilidades clave que le puedan servir. Asista a las convenciones y encuentros de negocios de su profesión u ocupación. Participe en sesiones y jornadas de trabajo. Siéntese en primera fila y tome notas. Compre los casetes de los programas. Dedíquese a convertirse en una de las personas más conocedoras y competentes en su campo.

Tercero, escuche audios formativos mientras conduce su automóvil. El automovilista promedio se sienta al volante entre

500 y 1.000 horas cada año mientras conduce de un lugar a otro. Convierta conducir en coche en tiempo de aprendizaje. Se puede convertir en una de las personas más perspicaces, más capaces y mejor pagadas de su campo si sencillamente escucha programas educativos mientras viaja en su coche.

Mientras más aprenda y sepa, más seguro y motivado se va a sentir. Mientras mejor sea, más capaz será de hacer más en su campo.

Mientras más aprenda, más puede aprender. Tal como puede construir su musculatura física mediante el ejercicio físico, de igual modo puede construir su musculatura mental con ejercicios mentales. Y no hay límites para lo lejos que puede llegar salvo los límites que se ponga usted mismo en la imaginación.

¡Tráguese ese sapo!

1. Identifique sus principales habilidades y talentos que son las que le pueden hacer obtener mejores resultados rápido. Determine qué conocimientos necesitarás en el futuro cercano para ser el mejor de su campo. Sea lo que sea, establézcase un objetivo, un plan y comience a desarrollar su habilidad en esas áreas. ¡Decida ser el mejor en lo que haga!

2. Desarrolle un plan personal para prepararse lo mejor posible para realizar las áreas que necesita. Céntrese en aquellas para las cuales tiene un talento especial y que más disfruta. Esta es la clave para desarrollar todo su potencial

12
Identifique sus obstáculos clave

Concentre el pensamiento en las tareas que tiene.
Los rayos del sol queman sólo al concentrarlos.

ALEXANDER GRAHAM BELL

Entre donde está hoy y cualquier meta que quiera lograr hay un obstáculo principal que debe sortear antes de poder conseguir su objetivo. Su trabajo es identificarlo claramente.

¿Qué le retiene? ¿Qué establece la velocidad con que logra sus objetivos? ¿Qué determina cuán rápido se mueve desde donde está hacia donde quiere llegar? ¿Qué le detiene o le impide tragarse los sapos que verdaderamente pueden marcar la diferencia? ¿Por qué no ha logrado su objetivo todavía?

Esas son algunas de las preguntas más importantes que se hará en el proceso de alcanzar altos niveles de productividad y eficiencia. Independientemente de lo que tenga que hacer, siempre hay un factor que limita y determina lo rápido y bien que conseguirá hacerlo. Su trabajo es estudiar la tarea e identificar en ella el *factor limitante* u obstáculo. Y entonces debe dirigir todas tus energías a aligerar ese atasco.

Identifique el factor limitante

Prácticamente, en cualquier tarea, grande o pequeña, hay un factor que establece la velocidad para lograr los objetivos o completar el trabajo. ¿Cuál es? Concentre las energías mentales en esa área clave. Este puede ser el uso más valioso de su tiempo y talentos.

Este factor puede ser una persona cuya ayuda o intervención necesita, un recurso que precisa, una debilidad en algún sector de la organización u otra cosa. Pero el factor limitante siempre está allí y su trabajo es siempre encontrarlo.

Por ejemplo, el propósito de una empresa es crear y mantener los clientes. Si lo logra en cantidad suficiente, la empresa tiene ganancias y continúa creciendo y prosperando.

En toda empresa hay un factor limitante o atasco que determina lo rápido y bien que logra sus propósitos la compañía. Puede ser el marketing, el nivel de ventas, la fuerza de ventas misma. Pueden ser los costes de operación o los métodos de producción. Puede ser el nivel de flujo de caja o los costes. El éxito de la compañía puede estar determinado por la competencia, los clientes o la situación actual del mercado. Uno de estos factores, más que cualquier otra cosa, determina con qué velocidad la compañía consigue sus objetivos de crecimiento y rentabilidad. ¿Cuál es?

La identificación precisa del factor limitante en cualquier proceso y concentrarse en ese factor puede provocar más progreso en un lapso breve que cualquier otra actividad.

La regla del 80/20 aplicada a los obstáculos

La Regla del 80/20 vale para los obstáculos que haya en su vida y en su trabajo. Esto significa que el 80 por ciento de los obstáculos, de los factores que le están impidiendo lograr sus objetivos, son *internos*. Están dentro de usted, dentro de sus propias cualidades, capacidades, hábitos, disciplinas o competencias personales. Sólo el 20 por ciento de los factores limitantes son externos a usted y a su organización.

A veces su obstáculo clave puede ser pequeño y no muy evidente. A veces se requiere hacer una lista de cada paso en el proceso, y examinar cada actividad para determinar con exactitud qué le está reteniendo. En ocasiones puede ser una sola percepción negativa u objeción de parte de los clientes, que desacelera todo el proceso de ventas. Otras veces es la falta de una característica singular lo que frena el crecimiento de las ventas de una línea de productos o servicios.

Examine honestamente su empresa. Observe a su jefe, a sus colegas y a los miembros de su equipo para ver si hay alguna debilidad clave que está frenando a la empresa o a usted mismo, que actúa como un freno en el esfuerzo por lograr sus objetivos claves.

Mire dentro de sí mismo

Las personas exitosas siempre empiezan el análisis de los obstáculos con esta pregunta: «¿Qué hay en *mí* que me está frenando?» Asumen toda la responsabilidad que les corresponde y buscan por sí mismos tanto la causa como la solución de sus problemas.

Y en lo que respecta a su propia vida ha de tener la honestidad para observarse a fondo en busca del factor, o la habilidad limitante, que condiciona la velocidad con que alcanza sus objetivos personales. Pregúntese constantemente: «¿Qué es lo que condiciona la velocidad con que obtengo los resultados que deseo?

Procure ser preciso

La definición del obstáculo determina la estrategia que debe usar para aligerarlo. Si no consigue identificar correctamente el obstáculo, o identifica un obstáculo equivocado, puede avanzar en la dirección equivocada. Puede terminar resolviendo un problema equivocado.

Una gran corporación, cliente de mi empresa, experimentaba un declive de las ventas. Los máximos dirigentes de la corporación descubrieron que el mayor obstáculo era la fuerza de ventas y la dirección del departamento correspondiente. Gastaron una enorme suma de dinero en la reorganización de la gerencia y entrenando a los vendedores.

Más tarde descubrieron que la razón primordial del declive de las ventas era un error de un contable, que accidentalmente había puesto a sus productos un precio muy alto en relación con los de la competencia en el mercado. Una vez que la empresa corrigió los precios, las ventas volvieron a subir y el negocio recuperó la rentabilidad.

Detrás de todo obstáculo o atasco, una vez que se lo ha identificado y resuelto exitosamente, encontrará otro obstáculo o factor limitante. Ya se trate de la puntualidad en el trabajo por la mañana o de construirse una carrera exitosa, siempre hay factores limitantes y atascos que condicionan la velocidad de su progreso. Su trabajo es encontrarlos y dirigir las energías para neutralizarlos lo más pronto posible.

Empezar el día suprimiendo un atasco u obstáculo clave lo llena a uno de energía y de poder personal. Lo que le impulsa a continuar y completar el trabajo. Y siempre hay un factor limitante. Con frecuencia el sapo más importante que se puede tragar en un momento dado es un obstáculo o factor limitante clave.

¡Tráguese ese sapo!

1. Identifique su objetivo más importante en la vida. ¿Cuál es? ¿Qué objetivo, si lo alcanza, tendría el mayor impacto positivo en su vida? ¿Qué logro profesional podría tener el mayor impacto positivo en su vida laboral?

Determine cuál es el obstáculo o la limitación, interna o externa, que condiciona la velocidad para conseguir ese objetivo. Pregúntese: «¿Por qué no lo he alcanzado todavía? ¿Qué hay en mí que me está frenando?» Independientemente de sus respuestas, emprenda una acción de inmediato. Haga algo. Haga cualquier cosa, póngase en marcha.

13
Presiónese a sí mismo

El primer requisito del éxito es aplicar ininterrumpidamente
sus energías físicas y mentales a un solo problema
y sin cansarse.

THOMAS EDISON

El mundo está lleno de personas a la espera de que llegue alguien y les motive para ser la clase de personas que les gustaría ser. El problema es que nadie llega al rescate.

Esas personas esperan el autobús en una esquina por donde no pasan autobuses. El resultado es que no se hacen cargo de su vida ni se obligan a sí mismos y pueden terminar esperando para siempre. Es lo que hace la mayoría de la gente.

Sólo un dos por ciento de las personas pueden trabajar sin ninguna supervisión. A estas personas las llamamos «líderes». Esta es la clase de persona que está llamado a ser.

Su trabajo consiste en formarse el hábito de presionarse a sí mismo y no esperar que aparezca alguien a hacer el trabajo por usted. Debe escoger sus propios sapos y obligarse a tragárselos según su orden de importancia.

Lidere su campo

Véase a si mismo como un modelo a seguir. Eleve la vara con la cual se mide. Los estándares que establezca para su propio trabajo y conducta deben ser más altos que los que nadie puede determinar para usted.

Convierta en un juego el hecho de levantarse un poco más temprano, trabajar más duro y marcharse un poco más tarde. Busque siempre la manera de hacer un kilómetro extra, de hacer más que aquello por lo cual le pagan.

El psicólogo Nathaniel Brandon ha definido la autoestima, el núcleo de su personalidad, como «la buena fama de la que uno goza consigo mismo». Uno mismo construye o derriba la reputación de la que goza consigo mismo según lo que hace o deja de hacer. La buena noticia es que uno se siente magníficamente consigo mismo cada vez que se obliga a rendir al máximo, cada vez que vas más allá del punto donde la persona promedio normalmente abandona.

Créese fechas tope imaginarias

Una de las mejores formas de evitar la procrastinación y hacer más cosas más rápido es trabajando como si sólo tuviese un día para hacer las cosas más importantes.

Imagine cada día que acaba de recibir un mensaje urgente y que mañana tendrá que marcharse de la ciudad por un mes. Si tiene que marcharse por un mes, ¿qué tendría que terminar inevitablemente antes de marcharse? Sea lo que sea, póngase a trabajar en ello ahora mismo.

Otra forma de presionarse uno mismo es imaginar que acaba de recibir el premio de unas vacaciones pagadas, pero que tiene que partir mañana mismo y en caso contrario darán ese premio a otra persona. ¿Qué decidiría terminar antes de marcharse para poder gozar de esas vacaciones? Sea lo que sea, empiece inmediatamente ese trabajo.

Las personas exitosas se presionan continuamente a sí mismas para rendir a alto nivel. Las que no tienen éxito tienen que recibir instrucciones, ser supervisadas y presionadas por otros.

Si se presiona a sí mismo, completa mejor más tareas y más rápidamente que nunca antes. Se convierte en una persona de alto rendimiento y altos logros. Se siente muy bien consigo mismo y paso a paso desarrolla el hábito de terminar sin dilaciones las tareas, un hábito que después le servirá todos los días de su vida.

¡Tráguese ese sapo!

1. Establezca fechas tope y fechas tope secundarias para cada tarea o actividad. Créese su propio «sistema de obligaciones». Suba su propio listón y no se dé por vencido. Una vez que establece una fecha tope, aténgase a ella e incluso trate de superarla.

2. Anote cada paso de un trabajo o proyecto principal antes de empezarlo. Después determine cuántos minutos y horas requerirá para completar cada fase. Luego compita contra su propio reloj, cumpla antes sus propias fechas tope. ¡Conviértalo en un juego y salga a ganar!

14
Motívese para la acción

En el gusto irresistible por la gran aventura, la victoria
y la acción creativa, encuentra el hombre su alegría suprema.

ANTOINE DE SAINT-EXUPÉRY

Para conseguir rendir al máximo debe convertirse en su propio animador personal. Debe desarrollar una rutina para entrenarse y animarse a jugar al tope de sus posibilidades.

La mayoría de sus emociones, positivas o negativas, depende de cómo se hable a sí mismo minuto a minuto. Lo que determina cómo se siente no es lo que le sucede sino la manera como interpreta lo que le sucede. Su versión de los acontecimientos determina en gran medida si se motiva o desmotiva, si éstos aumentan su energía o se la disminuyen

Para mantenerse motivado debe resolver convertirse en un optimista completo. Debe decidir responder positivamente a las palabras, acciones y reacciones de la gente y situaciones que le rodean. Debe negarse a que las inevitables dificultades y retrocesos de la vida diaria le afecten el humor o las emociones.

Controle su diálogo interior

El nivel de su autoestima, cuánto se gusta y se respeta, es fundamental para sus niveles de motivación y perseverancia. Tiene que hablarse positivamente a sí mismo para potenciar su autoestima. Dígase cosas como «me gusto, me gusto» una y otra vez hasta que empiece a creer que habla y actúa como una persona que rinde al máximo.

Para mantenerse motivado y superar los sentimientos de duda o temor, dígase continuamente: «puedo hacerlo», «puedo hacerlo».

Y cuando la gente le pregunte como está, conteste siempre: «muy bien».

Sin que importe cómo se sienta verdaderamente en ese momento ni lo que está sucediendo en su vida, opte por mantener la cordialidad y el buen ánimo. Se dice que nunca debe ir con sus problemas a los demás, porque al 80 por ciento de las personas no le importan los problemas de los otros y el 20 por ciento restante sólo se siente bien porque ha acudido a ellos.

Desarrolle una actitud mental positiva

Según un estudio realizado durante veintidós años por el psicólogo Martin Seligman, explicado en su libro *Learned Oprtimism*, el optimismo es la cualidad más importante que se puede desarrollar para tener éxito personal y profesional y ser feliz. Parece que los optimistas son más eficaces en todos los aspectos de la vida.

Resulta que los optimistas tienen cuatro comportamientos especiales, todos aprendidos gracias a la práctica y a la repetición. Primero, los optimistas *buscan el lado bueno* de cada situación. Sin que importe lo que vaya mal, siempre buscan algo bueno o beneficioso. Y no es sorprendente que muchas veces lo encuentren.

En segundo lugar, los optimistas siempre *buscan lecciones valiosas en toda dificultad o revés.* Creen que «las dificultades llegan para instruir, no para obstruir». Creen que cada revés u obstáculo contiene una lección valiosa que pueden aprender para crecer y están decididos a encontrarla.

En tercer lugar, los optimistas siempre *buscan la solución de cualquier problema.* En vez de culpar o quejarse cuando las cosas resultan mal, se orientan a la acción. Preguntan, por ejemplo: «¿Cuál es la solución? ¿Qué podemos hacer ahora? ¿Cuál es el próximo paso?»

Cuarto, los optimistas *Piensan y hablan permanentemente de sus objetivos.* Piensan qué es lo que quieren conseguir y cómo hacerlo. Piensan y hablan respecto del futuro y hacia dónde van, en lugar de el pasado y de dónde vienen. Siempre miran hacia delante antes que hacia atrás.

Cuando visualiza continuamente sus objetivos e ideales y se habla a sí mismo de una manera positiva, se siente mejor enfocado y lleno de energía. Experimenta una mayor sensación de control y de poder personal.

Y cuanto más motivado y positivo se sienta, más deseoso está de emprender tareas y más decidido a actuar.

¡Tráguese ese sapo!

1. Controle sus pensamientos. Recuerde que se convierte en aquello que piensa la mayor parte del tiempo. Asegúrese de pensar y hablar acerca de las cosas que quiere y no acerca de lo que no quiere.

2. Piense positivamente y asuma toda su responsabilidad por todo lo que le sucede. Niéguese a culpar o criticar a otros. Decida progresar antes que dar excusas. Mantenga sus pensamientos y energías dirigidos hacia delante, hacia las cosas que puede hacer para mejorar su vida, y que lo demás siga su curso.

15
La tecnología
es un pésimo amo

Hay cosas más importantes en la vida que aumentar
su velocidad

Mohandas Gandhi

La tecnología puede ser tu mejor amigo o tu peor enemigo. La tecnología se convierte en enemigo cuando tenemos la necesidad obsesiva de comunicarnos continuamente. Esta compulsión a estar conectado nos deja psicológicamente sin aliento. No tenemos tiempo de detenernos, oler las rosas ni rumiar nuestros pensamientos.

Tiene una opción

La clave es tener nuestra relación con la tecnología bajo control. Bill Gross, quien gestionaba una cartera de 600 mil millones de bonos y fondos cuando estaba en PIMCO, es famoso por ejercitarse regularmente y meditar diariamente para estar centrado y sin utilizar nada de tecnología. A pesar de desconectar todos sus aparatos nunca se pierde un mensaje importante.

Para poder estar calmado, con claridad, y capaz de rendir a alto nivel, es importante desconectar de la tecnología que apabulla. Un investigador pidió a un grupo de directores ejecutivos y emprendedores que se desconectaran y comprobó que su memoria aumentaba, así como la calidad del sueño y la capacidad de tomar decisiones[1].

Cuando la gente está demasiado conectada, la tecnología pronto se convierte en una adicción. La gente se levanta a la mañana y obsesivamente mira si tiene notificaciones aún antes de salir de la cama. Luego saltan a sus distintos dispositivos para responder correos antes de desayunar, o siquiera tomar agua. La gente revisa sus teléfonos móviles un promedio de 46 veces al día según un estudio[2] y 48 según otro estudio que descubrió que «la gente revisa su móvil el doble de veces de lo que piensa»[3].

Evite volverse un adicto

En Washington, hace no mucho tiempo, estuve en un almuerzo junto a un gran número de altos ejecutivos. Antes de comenzar, uno de los organizadores dio un breve sermón. Todos los ejecutivos lo escucharon con atención y nos sentamos en las respectivas mesas.

---

1. Elizabeth Segran, «What Really Happens to your Body and Brain During a Digital Detox», *Fast Company*, 30 de julio de 2005.

2. Lisa Eadicicco. «Americans Check Their Phones 8 Billion Times a Day», *Time*, 15 de diciembre de 2015.

3. Universidad de Lancaster, «How We Use Our Smartphones Twice as Much as We Think», *Science Daily*, 29 de octubre de 2015.

En mi mesa, cuatro o cinco de las ocho personas parecían haberse visto afectadas por dichas palabras, mantenían bajas sus cabezas y las manos en su regazo, como rezando, aun cuando la comida había sido servida. Parecían perdidos pensando en los cuestionamientos del día.

Luego me di cuenta de que no estaban rezando, estaban todos centrados en sus teléfonos enviando y recibiendo mensajes, escribiendo frenéticamente como adolescentes. Estaban ajenos al mundo que les rodeaba, ahogándose en un océano de información.

Recupere su tiempo

Uno de mis clientes vivía encadenado a su ordenador, recibiendo y enviando correos varias horas al día. Mientras más tiempo pasaba con el ordenador menos tiempo tenía para hacer las cosas importantes. El estrés provocado por las cosas inacabadas estaba comenzando a afectar su personalidad, su salud y su sueño.

Le enseñamos la regla de 80/20 y cómo aplicarla a los correos electrónicos. Se dio de baja de newsletters y borró el 80 por ciento de los mensajes. Del 20 por ciento restante, solo el 4 por ciento tenía importancia, el otro 16 por ciento podía ser contestado más tarde.

Evite ser un esclavo

Desencadénese de la tecnología. Dése de baja de publicidad. Ponga un contestador automático que diga: «Sólo reviso mi correo una vez al día, contestaré tan pronto como sea posible. Si es una emergencia, llame a este número».

Un periodista de la revista *Fortune*, al regresar de unas vacaciones de dos semanas, se encontró con 700 correos en su bandeja de entrada. Se dio cuenta de que le tomaría una semana revisarlos antes de poder comenzar con sus proyectos.

Por primera vez en su carrera, respiró hondo y borró todos los mensajes. Luego se dedicó a realizar los proyectos importantes para él y su empresa.

Su explicación fue simple: «Me di cuenta de que por el hecho de que alguien me envíe un correo no significa que sea el dueño de un trozo de mi vida». Aunque no muchos borrarían su bandeja de entrada sí que puede borrar e ignorar muchos de ellos ahora mismo. Permítase borrar todo aquello que no sea importante para sus objetivos o relaciones.

Alguien le avisará

A veces me preguntan: «pero ¿no hay que estar conectado con la tecnología para estar al tanto de las noticias?». Les contesto: «Si es realmente importante alguien le avisará». Muchos desconectan de las noticias y se mantienen bien informados en la mayoría de los temas. Debería hacer lo mismo.

¡Tráguese ese sapo!

1. Decídase hoy mismo a crear zonas de silencio durante sus actividades diarias. Desconecte su ordenador y su móvil durante una hora a la mañana y otra hora a la tarde. Se sorprenderá de lo que sucederá: Nada.

2. Desconéctese de la tecnología un día entero cada semana. Luego de su desintoxicación digital su mente estará clara y calmada. Cuando sus baterías mentales tienen tiempo de recargarse será más eficiente para tragarse sapos.

16
La tecnología es un excelente sirviente

La tecnología es tan solo una herramienta

Melinda Gates

Debe disciplinarse para tratar a la tecnología como un sirviente y no como un amo. El propósito de la tecnología es hacer la vida más fácil, no crear complejidad, confusión y estrés.

Habitualmente, para hacer más cosas de *gran* valor, tiene que dejar de hacer cosas de *poco* valor. Pregúntese continuamente ¿Qué es lo importante? ¿Qué es lo importante para su trabajo ¿Qué es lo importante en su vida? ¿Si pudiera hacer sólo una o dos de las actividades disponibles cuáles haría?

Utilice sus herramientas tecnológicas para recordarse regularmente lo más importante y protegerse de lo menos importante. La tecnología puede ser una forma simple de controlar sus comunicaciones, su tiempo, y hasta sus emociones.

Asuma el control de su comunicación

Limpie y ordene su espacio digital como haría con su escritorio; cierra cada programa que no se necesite para lo que esté haciendo. Bloquee los sitios que pueden distraerle. Asegúrese de que sólo los canales de comunicación que necesita para completar su tarea están abiertos. La mayoría de las tareas necesitan cierta comunicación, pero tener abiertas diez vías distintas es una locura. Una vez que sólo vea la información relevante en su pantalla, podrá trabajar con claridad.

Demuéstrele a su teléfono quién es el jefe. Bloquee todas las notificaciones —visual y audio—. Este es un paso importante para poder usar el teléfono cuando quiera y por lo tanto podrá recuperar el control de su vida.

Pero ¿qué pasa con las emergencias?

Los que sean responsables de menores de edad, tengan padres enfermos o parientes discapacitados pueden pensar que desconectarse no es una posibilidad. ¿Qué sucedería si alguno sufre una emergencia y no los pueden contactar?

Esta es una preocupación válida. La solución es no estar disponibles para todos todo el tiempo, sino crear un canal de comunicación distinto, ya sea otro número de teléfono u otro correo electrónico que solo algunas personas posean. Deje abierto ese canal, que será sólo para emergencias.

También puede utilizar esto para su vida laboral. Permítale a su jefe o a algún cliente importante una forma de contactarte sólo para ellos. También puede programar su correo para que los mensajes de las personas más importantes se clasifiquen en un archivo distinto.

En otras palabras, segmente sus canales de comunicación de forma tal que sólo los sapos puedan entrar en su castillo de concentración.

Asuma el control de su tiempo

La aplicación calendario, o las agendas, pueden ser un excelente sirviente pero un pésimo amo. Nunca acepte automáticamente una invitación digital. Pregúntese si la invitación realmente está entre sus prioridades antes de apretar el botón.

Agende grandes bloques de tiempo en su agenda para realizar tareas como si fueran citas. Sea muy agresivo al respecto, de forma de que si alguien ve su agenda sólo queden pocos espacios. Esto además les impresionará y podrá agendar reuniones más breves.

Su lista de cosas por hacer digital es una herramienta poderosa para tomar control de su tiempo. Tiene todas las ventajas de las listas de papel más algunas adicionales.

Las digitales le permitirán transferir cosas a otras personas con solo un clic. Eso le puede ayudar a delegar eficientemente, pero asegúrese de aceptar sólo aquellas tareas que están en línea con sus prioridades. Una lista digital también puede programarse para recordarle sus tareas importantes.

Asuma el control de sus emociones usando tecnología

Mucha gente no se sirve de la tecnología porque tiene miedo a aprender nuevas habilidades. Este miedo puede ser controlado: no deje que le retenga. Todo puede ser aprendido y lo que otros han aprendido, usted también lo puede aprender.

Deje que su organización sepa que está interesado en aprender herramientas tecnológicas que lo harán más eficiente. Si tiene un amigo, familiar o compañero de trabajo que es un informático, aprenda lo que pueda de esa persona.

Sobre todo, evite la frase «No puedo». La tecnología ya no es opcional, es tan importante como leer, escribir y saber matemáticas. La idea de que sólo ciertos tipos de personas son buenas en tecnología es un mito. No importa su edad, raza o sexo, tiene el poder de dominar la tecnología. Si se siente frustrado, recuerde que le sucede a todo el mundo, aun a expertos programadores a los que les pagan para ello se suelen frustrar por la tecnología.

Cuando hace que la tecnología sea su sirviente, puede ser una fuente de emociones positivas y motivadoras y de aumento de la productividad. Ponga sus metas más importantes en sus redes sociales y dígale a sus seguidores que las logrará. Publique diariamente sus avances; así si se salta alguno de los pasos previstos, todo el mundo se dará cuenta.

Subir a las redes sus progresos es una buena forma de recompensarse por los avances que va consiguiendo en su proyecto. Cuando el resultado se prevé lejos en el futuro puede ser difícil mantenerse motivado, por lo que recibir muchos «likes» en sus publicaciones pueden ser minilogros.

Puede inclusive buscar a colegas profesionales en las redes y competir para ver quién se come más sapos. Por ejemplo, a muchos novelistas les gusta poner en las redes la cantidad de palabras que han escrito, y así todos saben cuánto ha escrito o si ha procrastinado.

Deje de ser esclavo de las redes sociales y hágalas trabajar para usted. Es simple: en lugar de publicar tonterías, publique sus metas y objetivos y busque el apoyo de la red para conseguirlos.

¡Tráguese ese sapo!

1. Desactive hoy todas las notificaciones, excepto sus canales de emergencia. Cree áreas especiales en su vida digital para sus tareas más importantes.
2. Decídase a instalar un software o aplicación que le permita ser más eficiente y estar más concentrado.

17
Centre su atención

Todo en la vida es el estudio de la atención, adonde la
atención va, la vida le sigue

JIDDU KRISHNAMURTI

La atención focalizada es clave para el alto rendimiento. La
«atracción de la distracción» la profusión de equipos electrónicos y otras interrupciones conducen a una atención distraída, una mente deambuladora y finalmente a poca efectividad y fracaso.

Nuevas investigaciones prueban que reaccionar continuamente a llamadas, mensajes, correos y otros tiene un efecto negativo sobre el cerebro, disminuyendo su atención y haciendo difícil, si no imposible, que pueda completar las tareas de las cuales dependen su éxito futuro.[1]

---

1. Leon Watson, «Humans Have Shorter Attention Span Than Goldfish, Thanks To Smartphones», *Telegraph*, 15 de mayo de 2015.

Desarrollar una adicción

Cuando lo primero que hace a la mañana es verificar su cuenta de correo electrónico o cuando responde al sonido que indica que ha recibido un mensaje, su cerebro segrega una pequeña cantidad de dopamina. Esto le da un breve placer que estimula su curiosidad y tiende a que reaccione y responda inmediatamente. Automáticamente deja de hacer lo que estaba haciendo y dirige su atención a ese mensaje.

Al igual que las campanas que suenan cuando gana en una máquina tragamonedas, el sonido de mensajes que ingresan le generan una reacción de curiosidad para ver qué ha ganado. Inmediatamente deja su trabajo para ver qué premio ha tenido.

Cuando comienza el día con pequeñas dosis de dopamina generadas por los mensajes, le resultará extremadamente difícil prestar atención a las cosas que tiene que hacer durante el resto del día.

La ilusión del multitasking

Algunas personas creen que pueden realizar varias tareas a la vez, y que pueden hacer algo importante mientras hablan por teléfono o contestan mensajes, pero la gente sólo puede concentrar su atención en una cosa a la vez. Lo que hacen no es varias cosas a la vez, sino cambiar de tarea continuamente de un lado para otro sin poder centrarse en ninguna.

Luego de una interrupción de Internet, puede tomarle unos diecisiete minutos recuperar la atención total en la tarea que estaba realizando. Por eso muchas personas sienten que trabajan cada vez más, ya que cambian continuamente de una tarea a otra sin poder concentrarse en acabar ninguna. Además, trabajar así hace que seamos más proclives a cometer errores.

Soluciones probadas

La solución es simple y es la que están adoptando las personas más productivas de cada industria. Primero, no revise su correo ni mensajes a primera hora de la mañana, así evitará comenzar el día con dosis de dopamina.

Segundo, si por alguna razón de urgencia tiene que verificar sus mensajes, hágalo en forma rápida y vuelva cuanto antes a realizar la tarea que estaba haciendo. Elimine todos los avisos sonoros y ponga su teléfono en vibración. Elimine las interrupciones que le conducirán a continuas interrupciones.

Finalmente, establezca horarios en los que revisará su correo, por ejemplo dos veces al día, a las 11 y a las 15, y luego ciérrelo de nuevo. Para emergencias, tenga un número de teléfono distinto donde puedan ubicarlo.

Cuando esté en una reunión con una o más personas utilice el mismo protocolo. Apague sus aparatos electrónicos y preste total atención a las personas con las cuales está reunida. Esto sirve también para cuando está en su casa.

Duplique su productividad

Aquí veremos una forma simple de duplicar su productividad. Primero, planifique cada día por adelantado, seleccione las tareas más importantes y comience rápidamente a trabajar en la primera. Segundo, trabaje durante 90 minutos sin parar y luego tómese un descanso de 15 minutos. Tercero, vuelva a comenzar y trabaje durante otros 90 minutos. Finalmente, luego de estas tres horas de trabajo intensivo, puede revisar tranquilamente y recompensarse con dosis de dopamina.

Cuando desarrolle el hábito de trabajar intensamente tres horas a la mañana, no solo duplicará su productividad y romperá el hábito de revisar sus mensajes, sino que recuperará el control de su vida.

¡Tráguese ese sapo!

1. Tenga en mente sus objetivos de productividad. Antes de hacer algo pregúntese: «¿Esto me ayudará a conseguir mis objetivos más importantes, o es sólo una distracción?»

2. Evite convertirse en un esclavo de las señales acústicas que lo distraen de sus tareas. Apague sus aparatos y recupere el control de su vida.

18
Divida la tarea

Los hábitos empiezan a formarse como un hilo invisible,
pero cada vez que repetimos el acto fortalecemos la hebra,
le agregamos otro filamento, hasta que se convierte
en un gran cable que nos ata irrevocablemente
a los pensamientos y los actos.

ORISON SWETT MARDEN

Una de las razones principales por la que postergamos las tareas grandes e importantes es que nos parecen tan grandes y formidables cuando las encaramos por primera vez.

Una técnica que puede utilizar para dividir en partes más pequeñas una tarea grande es el método de las «lonchas de jamón» para lograr hacer el trabajo. Con este método, tiene ante sí la tarea en detalle y luego se ocupa de una loncha a la vez, como cuando come jamón, o se traga un sapo bocado a bocado.

Psicológicamente le resultará más fácil completar un fragmento individual y pequeño de un gran proyecto que empezar por el trabajo en su totalidad. A menudo, una vez que ha empezado y ha completado una parte del trabajo, siente que sólo queda pendiente una «loncha». Muy pronto atacará la tarea segmentada y la habrá terminado antes de que lo advierta.

Desarrolle una compulsión a cerrar temas

Es importante tener en cuenta que en su interior hay una «urgencia de finalización» o lo que suele llamarse una «compulsión al cierre». Esto significa que realmente se siente más feliz y poderoso cuando empieza y completa una tarea de cualquier clase. Satisface la profunda necesidad subconsciente de finalizar un trabajo o proyecto. Esta sensación de finalizar o cerrar le motiva para iniciar la tarea o proyecto siguiente y para perseverar hasta el final. Este acto de finalización dispara la liberación de endorfinas en el cerebro, como ya he mencionado. Y mientras mayor sea la tarea que empieza y completa, mejor y más entusiasmado se siente. Mientras mayor sea el sapo que se come, mayor será el impulso energético y de poder personal que experimentará.

Cuando empieza y termina un fragmento de la tarea, se siente motivado para empezar y terminar otra parte y después otra y así sucesivamente. Cada paso pequeño hacia delante le llena de energía. Desarrolla un impulso interior que le motiva a continuar hasta finalizar. Esta finalización le concede la gran sensación de felicidad y satisfacción que acompaña a cada éxito.

«Quesifique» sus tareas

Otra técnica que puede utilizar para no dejar de actuar es el llamado método de trabajo «queso suizo». Emplee esta técnica cuando tenga que empezar algo, haciendo un agujero en la tarea, como los de un queso suizo.

Emplee el método del «queso suizo» cuando resuelva trabajar un lapso específico de tiempo. Podría tratarse de tan sólo
cinco o diez minutos, después de los cuales se detiene y pasa a
otra cosa. Sólo le da un bocado a su sapo y luego descansa o
hace otra cosa.

El poder de este método es semejante al de las lonchas de
jamón. Una vez que empieza a trabajar desarrolla una sensación
de impulso hacia delante y un sentimiento de logro. Se carga de
energía y se siente excitado. Se siente interiormente motivado e
impulsado a seguir en movimiento hasta terminar la tarea.

Debería probar estos dos métodos en cualquier tarea que le
parezca abrumadora cuando la encara por primera vez. Le sorprenderá todo lo que le pueden ayudar estas técnicas para superar la postergación de las decisiones.

Tengo varios amigos que se han convertido en autores de
best sellers con la simple decisión de escribir una página, o incluso un solo párrafo, cada día hasta que completaron el libro. Y
usted puede hacer lo mismo.

¡Tráguese ese sapo!

1. Encare una tarea grande, compleja y múltiple que ha estado postergando con la ayuda de la «loncha de jamón» o el «queso suizo».

2. Oriéntese a la acción. Una cualidad que comparte la gente exitosa y feliz es la orientación a la acción. Ante una buena idea actúan de inmediato para verificar si les puede ser útil. No postergue. Inténtelo hoy mismo.

19
Cree lapsos amplios de tiempo

Sólo la concentración de todas sus energías en un conjunto
limitado de metas puede agregar más poder a su vida.

NIDO QUBEIN

La estrategia de crear lapsos amplios de tiempo requiere que se
comprometa a trabajar según tiempos programados en las tareas
grandes. La mayoría de los trabajos verdaderamente importantes
requieren de amplios lapsos de tiempo ininterrumpido para com-
pletarlos. Su habilidad para crear estos bloques de tiempo de alto
valor y alta productividad es crucial para su capacidad de efectuar una contribución significativa en su trabajo y en su vida.

Los vendedores exitosos reservan un tiempo específico cada
día para llamar por teléfono a posibles clientes. En lugar de postergar una tarea que no les gusta especialmente, deciden telefonear durante una hora completa —entre las diez y las once de la
mañana, por ejemplo— y luego se disciplinan para cumplir diariamente con lo resuelto.

Muchos ejecutivos destinan un tiempo específico cada día para llamar directamente a los clientes y obtener informaciones. Hay quienes destinan treinta a sesenta minutos específicos de cada día a ejercicios. Mucha gente lee grandes obras literarias durante quince minutos cada noche antes de dormir. De este modo, con el tiempo, terminan leyendo docenas de las mejores obras jamás escritas.

Agende reuniones consigo mismo

La clave del éxito de este método de trabajar según segmentos específicos de tiempo es que planifique su día por anticipado y programe específicamente un período de tiempo determinado para una actividad o tarea particular.

Fíjese citas y luego disciplínese para cumplirlas. Reserve segmentos de tiempo de treinta, sesenta y noventa minutos que utiliza para completar tareas importantes.

Muchas personas altamente productivas programan actividades específicas en huecos precisos de tiempo durante todo el día. Estas personas construyen su vida de trabajo en torno del cumplimiento de tareas clave una por una. De ese modo se vuelven más y más productivas y finalmente producen dos, tres y cinco veces más que la persona promedio.

Utilice una agenda o calendario

Una agenda, dividida en días, horas y minutos, organizada con antelación, puede ser una de las herramientas personales de productividad más poderosas. Le permite ver dónde puede hacer huecos para el trabajo intenso.

Durante ese tiempo de trabajo desconecte el teléfono, elimine todas las distracciones y trabaje ininterrumpidamente. Uno de los mejores hábitos de trabajo es levantarse temprano y trabajar en casa por la mañana durante varias horas. Puede completar tres veces más trabajo en casa, sin interrupciones, que el que podría completar en la oficina, donde está rodeado de gente y bombardeado por llamadas telefónicas.

Que cada minuto cuente

Cuando vuela en viaje de negocios, puede crear su oficina del aire si planifica en detalle su trabajo antes de partir. Cuando el avión despega puede trabajar ininterrumpidamente durante todo el vuelo. Le sorprenderá la cantidad de trabajo que puede efectuar si trabaja sin pausa y sin interrupciones en un avión.

Una de las claves para obtener altos niveles de rendimiento y productividad es tener presente cada minuto. Sáquele partido a los viajes y al tiempo en salas de espera, los llamados «regalos de tiempo», para completar fragmentos pequeños de tareas mayores.

¡Tráguese ese sapo!

1. Piense continuamente en diferentes maneras de ahorrar, programar y consolidar amplios lapsos de tiempo. Utilícelos para trabajar en tareas importantes que tengan las consecuencias a largo plazo más importantes.
2. Haga que cada minuto cuente. Trabaje constantemente y sin pausa, sin distracciones, planificando y preparando su trabajo por adelantado. Y sobre todo, manténgase centrado en los resultados más importantes que tiene encomendados.

20
Desarrolle un sentido de urgencia

No espere; el tiempo nunca será el «más adecuado».
Empiece donde está y trabaje con las herramientas
que tenga a disposición y hallará mejores herramientas
a medida que avance.

NAPOLEON HILL

Quizás el rasgo externo más identificable del hombre y la mujer de alto rendimiento sea la «orientación a la acción».

Las personas altamente productivas se dan tiempo para pensar, planificar y establecer prioridades. Luego se lanzan con fuerza hacia sus objetivos y metas. Trabajan sin pausa, con fluidez y continuamente y parecen realizar enormes cantidades de trabajo en el mismo lapso que las personas promedio ocupan conversando, perdiendo el tiempo y trabajando en actividades de bajo valor.

Fluya

Cuando trabaja en tareas de alto valor y en un nivel de actividad alto y continuo, puede que ingrese en un sorprendente estado mental llamado «flujo». Casi todo el mundo lo ha experimentado en algún momento. La gente verdaderamente exitosa es la que ingresa en ese estado con mucha más frecuencia que el promedio.

En el estado de flujo, el estado humano de más alto rendimiento y productividad, algo casi milagroso le ocurre a su mente y a sus emociones.

Siente entusiasmo y claridad. Todo lo que hace parece no exigir esfuerzo y ser preciso. Se siente feliz y lleno de energía. Experimenta una tremenda sensación de calma y de eficacia personal.

Cuando uno está en el estado de flujo, que ha sido identificado y del cual se ha hablado durante siglos, funciona realmente en un plano más alto de claridad, creatividad y competencia. Es más sensible y está más alerta. Sus intuiciones y percepciones funcionan con increíble precisión. Aprecia la conexión entre personas y circunstancias. A menudo se le ocurren ideas brillantes e intuiciones que le permiten avanzar con mayor rapidez.

Busque el alto rendimiento

Una de las maneras de desencadenar este estado de flujo es desarrollando un «sentido de urgencia», algo que se caracteriza por un impulso y deseo interiores de terminar bien el trabajo y de hacerlo pronto. Este impulso interior es una clase de impaciencia que motiva para avanzar y continuar avanzando. El sentido de urgencia se parece mucho a competir consigo mismo.

Cuando el sentido de urgencia está arraigado, desarrolla una «inclinación hacia la acción». Emprende acciones en lugar de hablar continuamente de lo que tiene que hacer. Se centra en pasos específicos que da inmediatamente. Se concentra en las cosas que puede hacer ahora mismo para obtener los resultados que quiere y lograr los objetivos que desea. El ritmo rápido parece ir de la mano con los grandes éxitos. Desarrollar este ritmo exige que empiece a moverse y continúe moviéndose sin pausa.

Cree un impulso positivo

Si se convierte en una persona orientada a la acción, activa en usted el «principio del impulso» del éxito. Este principio dice que si bien la superación de la inercia y el ponerse en marcha pueden consumir grandes cantidades de energía, mantenerse en movimiento consume mucha menos energía.

La buena noticia es que mientras más rápido se mueve, más energía tiene. Mientras más rápido se mueve, más termina de hacer y más eficaz se siente. Mientras más rápido se mueve, más experiencia adquiere y más aprende. Mientras más rápido se mueve, más competente y capaz en su trabajo se vuelve.

El sentido de urgencia le permite automáticamente cambiar a la pista rápida. Mientras más rápido trabaja y más termina de hacer, más altos serán sus niveles de autoestima y orgullo personal.

¡Hágalo ya!

Uno de los modos más simples y no obstante más poderosos de ponerse en marcha es repetirse sin parar: «Hazlo ahora, hazlo ahora».

Si siente que va más lento o que le están distrayendo conversaciones o actividades de bajo valor, repítase una y otra vez estas palabras: «Vuelve al trabajo, vuelve al trabajo».

A fin de cuentas, nada le ayudará más en su carrera que ganarse la reputación de ser la clase de persona que consigue hacer pronto y bien el trabajo importante. Esta reputación le convertirá en una de las personas más valiosas y respetadas en su campo.

¡Tráguese ese sapo!

1. Decida hoy mismo desarrollar un sentido de urgencia en todo lo que haga. Seleccione un área donde tenga tendencia a postergar y adopte la decisión de desarrollar el hábito de la acción rápida en esa área.

2. Cuando vea una oportunidad o un problema, actúe de inmediato. Cuando le encomienden una tarea o responsabilidad, hágala rápidamente e informe de ella con prontitud. Muévase con rapidez en todas las áreas importantes de su vida. Le sorprenderá lo bien que se siente y cuánto consigue terminar de hacer.

21

Concéntrese resueltamente en lo que está haciendo

El secreto del verdadero poder radica en lo siguiente:
Aprenda, con la práctica constante, a administrar
sus recursos y a concentrarlos en todo momento
en un punto dado.

JAMES ALLEN

¡Tráguese ese sapo! Toda planificación, establecimiento de prioridades y organización se resume en este sencillo concepto.

Todo gran logro de la humanidad ha sido precedido por un largo período de trabajo duro y concentrado hasta que se ha concluido. Su capacidad para seleccionar su tarea más importante, para empezarla y después concentrarse resueltamente hasta terminarla es la clave para alcanzar un alto nivel de rendimiento y productividad personales.

Una vez que comience, siga

Concentrarse resueltamente en una cosa requiere que una vez que empiece una tarea siga trabajando en ella, sin distraerse hasta que el trabajo esté hecho al cien por cien. Estimúlese continuamente repitiendo: «A trabajar, a trabajar» cada vez que sienta la tentación de interrumpir lo que está haciendo o hacer otra cosa.

Si se concentra resueltamente en su tarea más importante, puede reducir el tiempo requerido para completarla en un 50 por ciento o en más.

Se estima que la tendencia a empezar y dejar la tarea, volver a ella, volver a dejarla y comenzarla de nuevo puede aumentar el tiempo necesario para completarla hasta en un 500 por ciento.

Cada vez que vuelve a empezar una tarea tiene que familiarizarse con el punto en que estaba cuando la interrumpió y con lo que le queda por hacer. Tiene que superar la inercia y ponerse en marcha una vez más. Tiene que desarrollar el impulso y recuperar un ritmo productivo.

Pero cuando se prepara cuidadosamente y después empieza, y se niega a detenerse o distraerse hasta que el trabajo está terminado, desarrolla energía, entusiasmo y motivación. Es mejor y más productivo. Trabaja con mayor velocidad y es más eficaz.

No pierda tiempo

La verdad es que una vez que ha decidido cuál es su tarea número uno, cualquier otra cosa que haga es una relativa pérdida de tiempo. Cualquier otra actividad es menos valiosa o menos importante que este trabajo según sus propias prioridades.

Mientras más se discipline para trabajar sin interrupción en una sola tarea, más avanza en la «curva de eficiencia». Y termina más trabajo de calidad en menos tiempo.

Sin embargo, cada vez que interrumpe el trabajo rompe este ciclo y retrocede en la curva hasta donde cada parte de la tarea es más difícil y consume más tiempo.

La autodisciplina es la clave

Elbert Hubbard definía la disciplina como «la capacidad para obligarte a ti mismo a hacer lo que debes hacer, cuando debes hacerlo y tengas o no tengas ganas de hacerlo».

El éxito en cualquier área requiere toneladas de disciplina. Disciplina personal, dominio y control de uno mismo son las piedras básicas para forjar el carácter y alcanzar el óptimo rendimiento.

Empezar una tarea de alta prioridad y perseverar en ella hasta que esté completa en un cien por cien es el verdadero test de su carácter, de su fuerza de voluntad y de su resolución. La perseverancia es en realidad la disciplina personal en acción. La buena noticia es que mientras más se discipline para perseverar en una tarea principal, mejor se sentirá contigo mismo y mayor será su autoestima. Y mientras mejor se sienta consigo mismo y más se respete, más fácil le resultará disciplinarse y perseverar todavía más.

Si se centra con claridad en su tarea más importante y se concentra resueltamente hasta que esté terminada en un cien por cien, realmente moldea su carácter. Se convierte en una persona superior.

Será más fuerte, más competente, más seguro y más feliz. Se sentirá más poderoso y productivo.

Se siente capaz de establecer y lograr cualquier objetivo. Ya es el dueño de su propio destino. Está en una espiral ascendente de eficacia personal en la cual tiene garantizado el futuro.

Y la clave de todo esto es determinar la cosa más importante y valiosa que puede hacer en todo momento y luego «¡Tráguese ese sapo!»

¡Tráguese ese sapo!

1. ¡Actúe! Decida hoy mismo seleccionar la tarea o proyecto más importante que pueda completar y después entréguese inmediatamente a ello.

2. Una vez que ha empezado su tarea más importante, disciplínese para perseverar sin distracciones hasta que esté terminada en un cien por cien. Considere que esto es un «test» para determinar si es la clase de persona que puede adoptar una decisión para completar y concretar algo. Una vez que empiece, no se permita interrupciones hasta que el trabajo esté terminado.

Conclusión:
Atando cabos

La clave de la felicidad, de la satisfacción, del gran éxito y de una maravillosa sensación de poder personal y de eficacia es desarrollar el hábito de tragarse su sapo como primera cosa todos los días cuando empiece a trabajar.

Por fortuna esta es una habilidad que puede adquirir mediante la repetición. Y cuando desarrolla el hábito de empezar su tarea más importante antes de cualquier otra cosa, el éxito está garantizado.

He aquí un sumario de los veintiún grandes modos de acabar con la postergación de las decisiones y de terminar de hacer más cosas más rápidamente. Estudie estas reglas y principios regularmente hasta que se fijen firmemente en su pensamiento y acciones.

1. **Ponga la mesa:** Decida exactamente qué quiere. La claridad es esencial. Escriba sus objetivos y metas antes de empezar.

2. **Planifique cada día con antelación:** Piense sobre papel. Cada minuto que ocupa en planificar puede ahorrarle cinco o diez minutos en la ejecución.

3. **Aplique a todo la regla del 80/20:** El 20 por ciento de sus actividades vale el 80 por ciento de sus resultados. Concentre siempre sus esfuerzos en el 20 por ciento superior.

4. **Estudie las consecuencias:** Sus tareas y prioridades más importantes son aquellas que pueden tener más serias consecuencias, positivas o negativas, en su vida y su trabajo. Concéntrese sobre todo en ellas.

5. **Practique la procrastinación creativa:** Puesto que no puede hacer todo, debe aprender a dejar de lado deliberadamente aquellas tareas de poco valor para que pueda tener tiempo para hacer las más importantes.

6. **Practique continuamente el método ABCDE:** Antes de empezar a trabajar en una lista de tareas, concédase unos momentos para organizarlas según su valor y prioridad para que esté seguro de trabajar en sus actividades más importantes.

7. **Céntrese en áreas claves de resultados:** Identifique y determine los resultados necesarios para hacer bien su trabajo, y trabaje todo el día en ellos.

8. **Aplique la ley de Tres:** Identifique las tres cosas en su trabajo que requieren el 90 por ciento de su atención y que tienen que ser hechas antes que cualquier otra cosa.

9. **Prepárese concienzudamente antes de empezar:** Tenga a mano todo lo que necesite antes de empezar: información, herramientas, material, así una vez que comienza no necesita parar y puede seguir hasta acabar.

10. **Ponga un ladrillo después de otro:** Puede completar los trabajos mayores y más complicados sólo si lo hace paso a paso.

11. **Refuerce sus talentos especiales:** Mientras más conocimientos y habilidad tenga sobre su tarea más rápido podrá terminarla. Determine con exactitud qué hace muy

bien o que podría hacer muy bien y entréguese de corazón a hacer esas cosas específicas muy pero que muy bien.

12. **Identifique sus obstáculos clave:** Determine los atascos internos o externos que deciden la velocidad con que logra sus objetivos más importantes y concéntrese en aligerarlos.

13. **Presiónese a sí mismo:** Imagine que tiene que marcharse por un mes de la ciudad y trabaje como si tuviera que completar todas sus tareas importantes antes de marcharse

14. **Motívese para la acción:** Sea su propio animador. Busque lo bueno en cada situación. Céntrese en la solución más que en el problema. Sea siempre optimista y constructivo.

15. **La tecnología es un pésimo amo:** Recupere el tiempo que ha perdido por estar esclavizado con la adicciones digitales. Apague sus aparatos electrónicos.

16. **La tecnología es un excelente sirviente:** Aproveche las herramientas tecnológicas para ayudarlo a ceñirse a realizar las tareas más importantes.

17. **Centre su atención:** Evite las interrupciones y distracciones que interfieren con sus tareas más importantes.

18. **Divida la tarea:** Divida las tareas grandes y complejas en segmentos y después haga una parte pequeña de la tarea.

19. **Créese lapsos amplios de tiempo:** Organice sus días en torno de amplios lapsos de tiempo en que se pueda concentrar en sus tareas más importantes.

20. **Desarrolle un sentido de urgencia:** Adquiera el hábito de avanzar rápido en sus tareas clave. Dese a conocer por ser una persona que hace las cosas bien y rápidamente.

21. **Concéntrese resueltamente en lo que está haciendo:** Establezca prioridades claras, empiece de inmediato por la tarea más importante y después trabaje sin interrupciones

hasta que el trabajo esté completo en un cien por cien. Esta es la verdadera clave del alto rendimiento y de la máxima productividad personal.

Adopte la decisión de practicar estos principios cada día hasta que se conviertan en su segunda naturaleza. Con estos hábitos de administración personal como rasgos permanentes de su personalidad su futuro no tendrá límites.

¡Hágalo! ¡Tráguese ese sapo!